中学地理

ぐーんっと
やさしく

JN098606

◆登場キャラクター◆

ボッズ隊長
地球調査隊の，
たよれるリーダー。

アポロ
操船担当。
気が強い。

ルナ
補給担当。
何でも知りたがる。

コスモ
情報収集担当。
ものしり。

→ここから読もう！

ここはシグマ星
渋滞
プップーッ
人も車も
多すぎるよ～
プップー
プーッ
この星は
せますぎだ～
①

増えすぎた人口についての
話し合いの結果…
対策本部
②

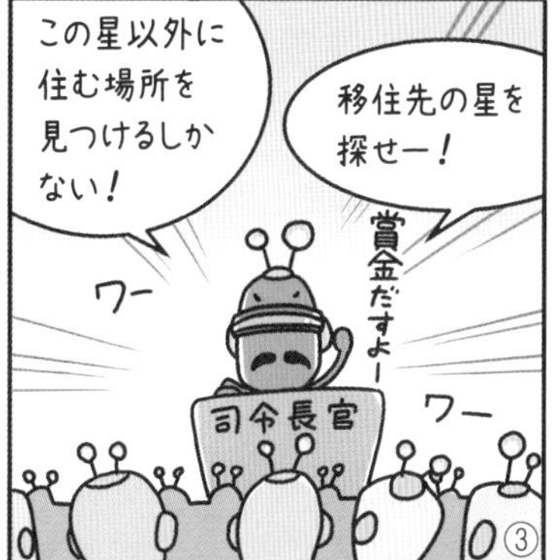
この星以外に
住む場所を
見つけるしか
ない！
移住先の星を
探せー！
賞金だすよー
ワー
司令長官
ワー
③

わが隊の
ターゲットは
地球じゃ。
出発！
地球
ラジャー!!
④

見えたのじゃ
やっと
着いたね～
⑤

調査開始じゃ！
青いですな
デカイな
丸いね～
⑥

1章 世界と日本のすがた

2章 世界の気候と人々の生活

3章 世界の諸地域①

4章 世界の諸地域②

5章 日本のさまざまな地域①

6章 日本のさまざまな地域②

7章 日本の諸地域①

8章 日本の諸地域②

9章 日本の諸地域③

本書の使い方

テスト前の学習や，授業の復習として使おう！
苦手な部分をこれで解消!!

左の まとめページ と，右の 問題ページ で構成されています。

ステージ 16
北アメリカ州①
北アメリカの自然と農業をおさえよう!
北アメリカには，アメリカ合衆国という大きな国があるようだ。自然や農業の特色を調査しなさい。
1 北アメリカの自然と農業
カナダ
ロッキー山脈
小麦
五大湖
とうもろこし
大豆
酪農
綿花
アメリカ合衆国
太平洋
大西洋
メキシコ
ミシシッピ川
メキシコ湾
▼中央部には広大な平原
広い農地を，大型機械を使って少ない人数で経営しているよ～。
調査報告
●北アメリカの自然
西部にロッキー山脈，中央部にミシシッピ川，北東部に五大湖があります。
●農業大国アメリカ
内陸部は小麦やとうもろこし・大豆などを栽培する穀物地帯が広がっています。
すずしい北部では酪農，温暖な南部では綿花の栽培が行われています。
地域ごとの自然環境に合わせて農産物を生産することを，適地適作といいます。
規模が大きくて機械化された，企業的な農業も特色です。
48

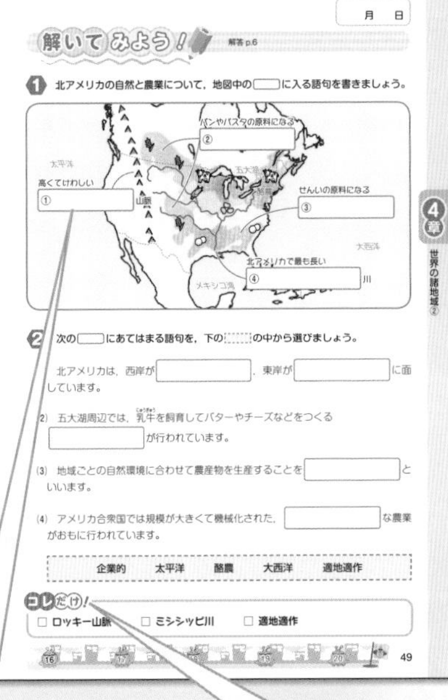

月 日
解いてみよう! 解答 p.6
1 北アメリカの自然と農業について，地図中の□に入る語句を書きましょう。
パンやパスタの原料になる ②
高くてけわしい ① 山脈
せんいの原料になる ③
北アメリカで最も長い ④ 川
太平洋
五大湖
大西洋
メキシコ湾
2 次の□にあてはまる語句を，下の□の中から選びましょう。
(1) 北アメリカは，西岸が□，東岸が□に面しています。
(2) 五大湖周辺では，乳牛を飼育してバターやチーズなどをつくる□が行われています。
(3) 地域ごとの自然環境に合わせて農産物を生産することを□といいます。
(4) アメリカ合衆国では規模が大きくて機械化された，□な農業がおもに行われています。
企業的 太平洋 酪農 大西洋 適地適作
コレだけ!
□ ロッキー山脈 □ ミシシッピ川 □ 適地適作
4章 世界の諸地域②
49

重要用語
この単元で重要な用語を赤字にしているよ。

解いてみよう!
まずは，穴うめで左ページのことを確認しよう。

コレだけ!
これだけは覚えておきたい用語をのせているよ。

確認テスト
章の区切りごとに「確認テスト」があります。
テスト形式なので，学習したことが身についたかチェックできます。

章末「調査報告プラス」
知っておきたいくわしい情報です。
この内容も覚えておくとバッチリ!

別冊解答
解答は本冊の縮小版になっています。

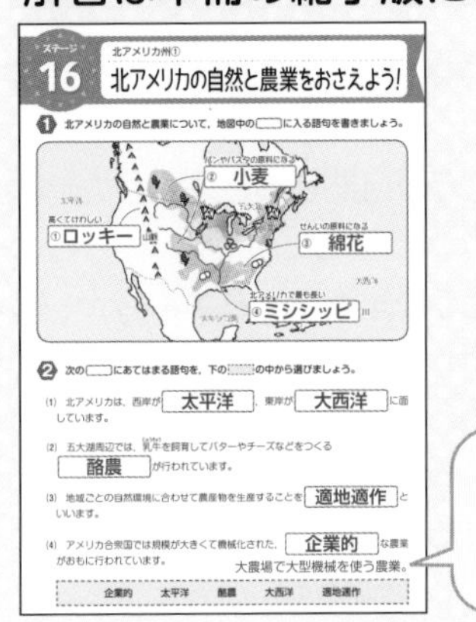

ステージ 16
北アメリカ州①
北アメリカの自然と農業をおさえよう!
1 北アメリカの自然と農業について，地図中の□に入る語句を書きましょう。
② 小麦
① ロッキー
③ 綿花
④ ミシシッピ
2 次の□にあてはまる語句を，下の□の中から選びましょう。
(1) 北アメリカは，西岸が 太平洋，東岸が 大西洋 に面しています。
(2) 五大湖周辺では，乳牛を飼育してバターやチーズなどをつくる 酪農 が行われています。
(3) 地域ごとの自然環境に合わせて農産物を生産することを 適地適作 といいます。
(4) アメリカ合衆国では規模が大きくて機械化された，企業的 な農業がおもに行われています。
大農場で大型機械を使う農業。
企業的 太平洋 酪農 大西洋 適地適作

赤字で解説を入れているよ。

1
章

世界と日本のすがた

移住先のターゲットを地球に定めた調査隊。

たどり着いた地球は，青くて丸い星だった。地球はどのような星なのか。

まずは，地球のすがたについて調査しよう。

ステージ 1

地球のすがた

地球のすがたを見に行こう！

地球という星は，いくつかの広い陸地と海洋からなりたっているようだ。何とよばれているか調査しなさい。

1 六大陸と三大洋

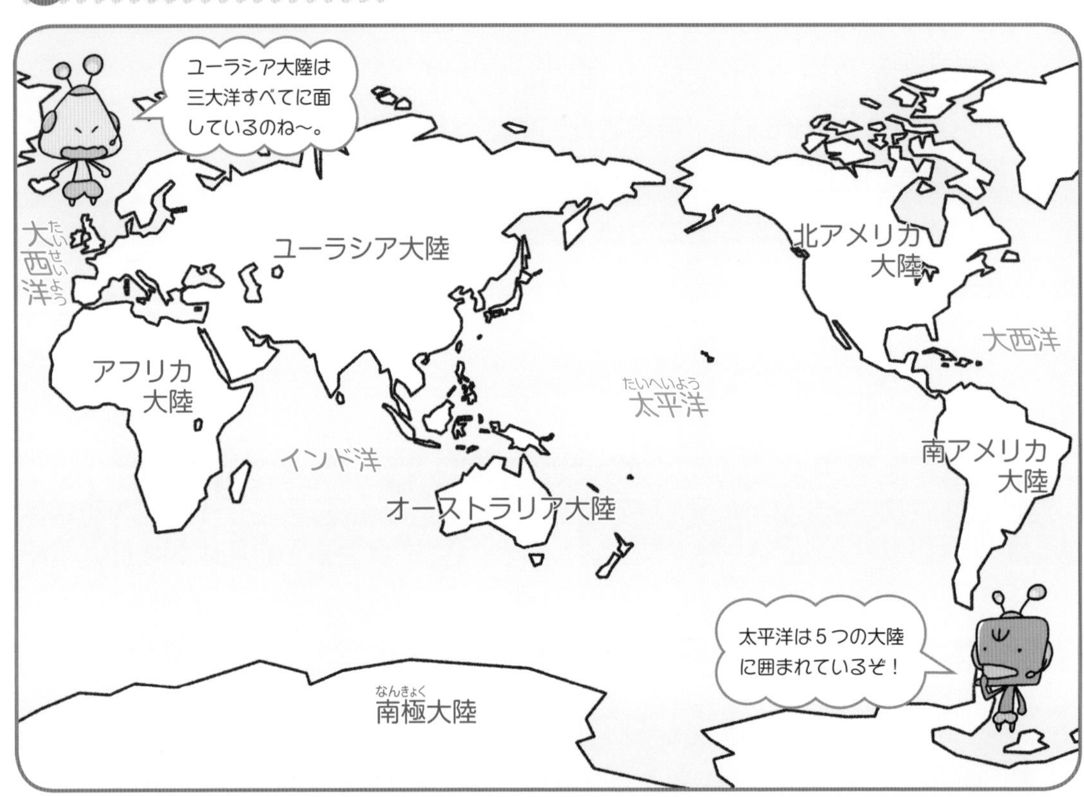

ユーラシア大陸は三大洋すべてに面しているのね～。
大西洋
ユーラシア大陸
北アメリカ大陸
大西洋
アフリカ大陸
太平洋
インド洋
南アメリカ大陸
オーストラリア大陸
太平洋は５つの大陸に囲まれているぞ！
南極大陸

調査報告

●六大陸

地球には6つの大陸があります。面積が広い順に，**ユーラシア大陸・アフリカ大陸・北アメリカ大陸・南アメリカ大陸・南極大陸・オーストラリア大陸**です。

●三大洋

地球には３つの大きな海洋があります。面積が広い順に，**太平洋・大西洋・インド洋**です。

日本海や地中海など小さな海もあるんですな。

●陸地と海洋の割合

地球の表面は**約３割が陸地，約７割が海洋**です。地球は「水の惑星」とよばれています。

解いてみよう！

解答 p.2

1 陸地と海洋について，地図中の□に入る語句を書きましょう。

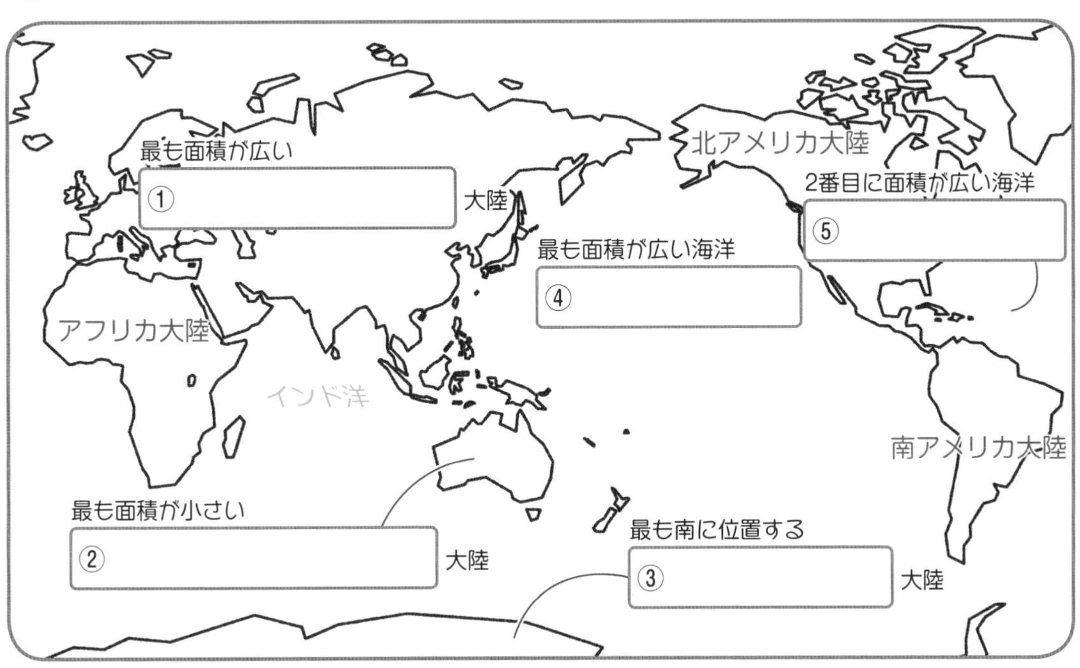
最も面積が広い
① 大陸
北アメリカ大陸
2番目に面積が広い海洋
⑤
最も面積が広い海洋
④
アフリカ大陸
インド洋
南アメリカ大陸
最も面積が小さい
② 大陸
最も南に位置する
③ 大陸

2 次の□にあてはまる語句や数字を，下の┆┆の中から選びましょう。

(1) 地球上には３つの大きな海洋があり，大きな順に，太平洋，□，□です。

(2) 地球上には□つの大陸があります。

(3) 地球の表面にしめる陸地と海洋の割合は，陸地が約□割で，海洋は約□割です。

6	7	3	大西洋	インド洋

コレだけ！

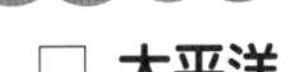

☐ 太平洋　☐ 大西洋　☐ ユーラシア大陸　☐ オーストラリア大陸

1
2
3
4
5
6

ステージ 2

世界のすがた

緯度と経度で表そう！

地球のすがたを表すためには地球儀と世界地図，地球上の位置を表すためには緯度と経度を使うようだ。それぞれ調査しなさい。

1 地球儀と世界地図

▲地球儀は地球を縮めた丸い模型

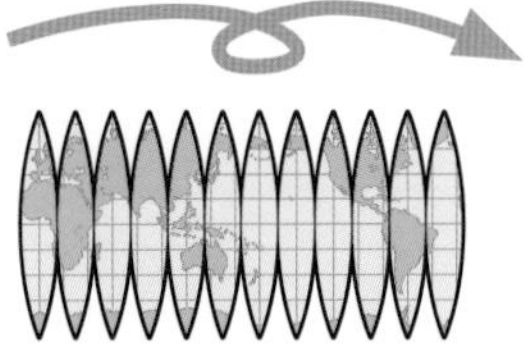

地球の表面を切り開いて平らにします。

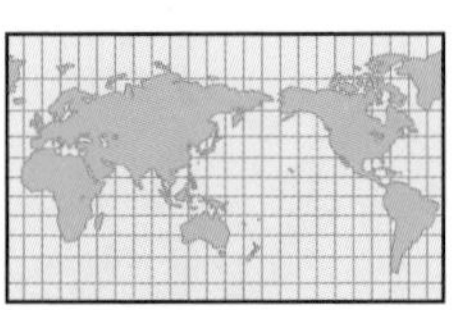

▲世界地図は地球を平面上に表したもの

世界地図は丸い地球を平面上に表すので，大陸の形とか面積とか，かならずどこかが不正確よ～。

2 緯度と経度

地球上の位置は，緯度と経度で表すぞ。
それぞれをつないだ「横の線」が緯線，「たての線」が経線だ！

A地点・B地点の緯度と経度
A…北緯30度，東経150度
B…南緯30度，西経90度

本初子午線（0度の経線）
西経
東経（地球の東半分）
西経（地球の西半分）
緯線（横の線）
北緯（地球の北半分）
赤道（0度の緯線）
南緯（地球の南半分）
イギリス（ロンドン）
A
B
75° 60° 45° 30° 15° 0° 15° 30° 45° 60°
30° 0° 30° 60° 90° 120° 150° 180° 150° 120° 90° 60°
経線（たての線）

調査報告

世界地図は目的に合った種類を選んで使うのです。

●地球の番地

地球上の位置は**緯度**と**経度**で表します。南北は**赤道**を中心に北を**北緯**，南を**南緯**，東西は**本初子午線**を中心に東を**東経**，西を**西経**で示します。

●いろいろな地図

世界地図には，「面積が正しい地図」「中心からの距離と方位が正しい地図」「緯線と経線が直角に交わる地図」などがあります。

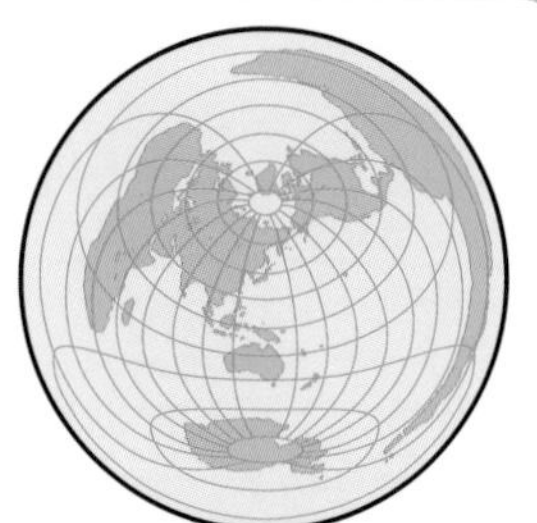

▲中心からの距離と方位が正しい地図

解いてみよう！

解答 p.2

1 地球上の位置の表し方について，地図中の[ ]に入る語句と数字を書きましょう。

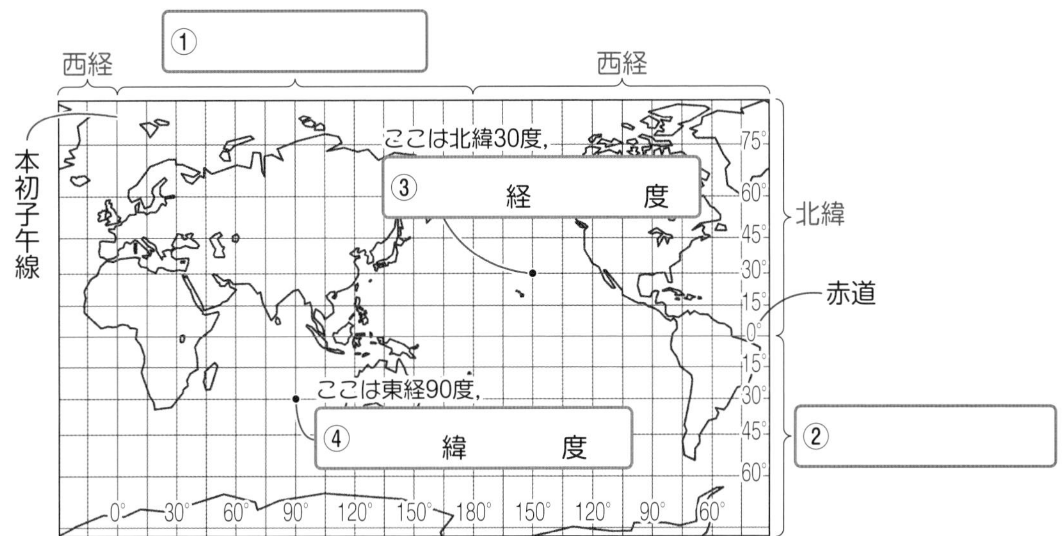

①
西経
西経
本初子午線
ここは北緯30度，
③ 経　度
ここは東経90度，
④ 緯　度
北緯
赤道
②
75°
60°
45°
30°
15°
0°
15°
30°
45°
60°
0°
30°
60°
90°
120°
150°
180°
150°
120°
90°
60°

2 次の[ ]にあてはまる語句を，下の[ ]の中から選びましょう。

(1) 地球を縮めた丸い模型を[ ]といいます。

(2) 地球上の南北の位置は[ ]で表します。

(3) 地球上の東西の位置は[ ]で表します。

(4) イギリスの首都ロンドンを通る０度の経線を[ ]といいます。

(5) 南北の中心を通る０度の緯線を[ ]といいます。

本初子午線　経度　地球儀　緯度　赤道

コレだけ！
□ 緯度
□ 経度
□ 赤道
□ 本初子午線

1
2
3
4
5
6

ステージ 3

世界の地域区分

世界の州と場所をおさえよう！

世界は大陸のほかに，州に分ける方法があるようだ。それぞれの国がどのような州の区分になるかを調査しなさい。

1 世界を分ける州

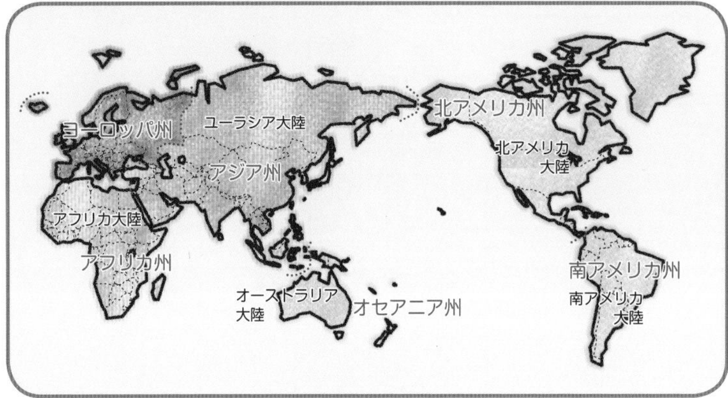
ヨーロッパ州
ユーラシア大陸
アジア州
アフリカ大陸
アフリカ州
オーストラリア大陸
オセアニア州
北アメリカ州
北アメリカ大陸
南アメリカ州
南アメリカ大陸

調査報告

●6つの州

世界は，アジア州・ヨーロッパ州・アフリカ州・北アメリカ州・南アメリカ州・オセアニア州に分かれます。

ユーラシア大陸は，アジア州とヨーロッパ州に分けられるぞ！

2 アジア州をさらに分ける

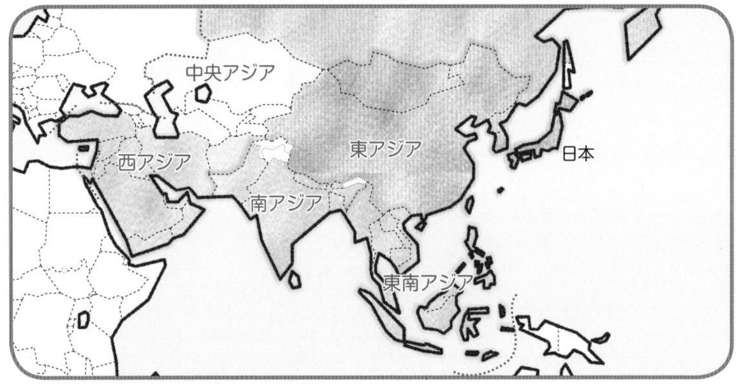
中央アジア
西アジア
東アジア
南アジア
東南アジア
日本

●アジア州の分け方

アジア州は，**東アジア・東南アジア・南アジア・西アジア・中央アジア**に分かれます。

アジア州の北方の地域はシベリアとよばれることもあるのですよ。

3 世界のおもな国々

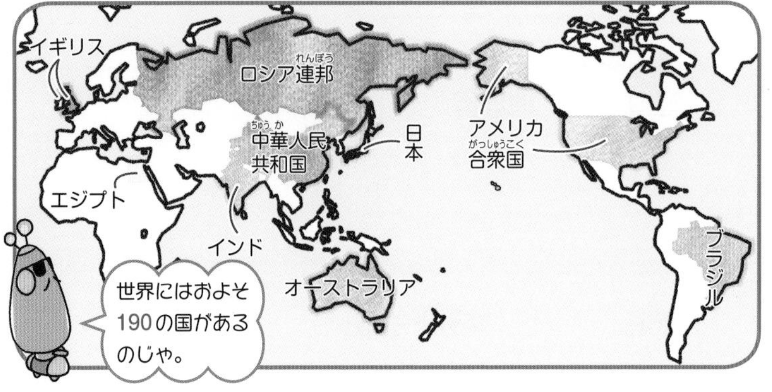
イギリス
ロシア連邦
中華人民共和国
日本
アメリカ合衆国
エジプト
インド
オーストラリア
ブラジル
世界にはおよそ190の国があるのじゃ。

●世界の国々

国と国との境界を**国境**といいます。国土が海に囲まれている国を**島国（海洋国）**，国土が海に面していない国を**内陸国**といいます。

解いてみよう！

解答 p.2

1 世界の国や地域の分け方について，地図中の□に入る語句を書きましょう。

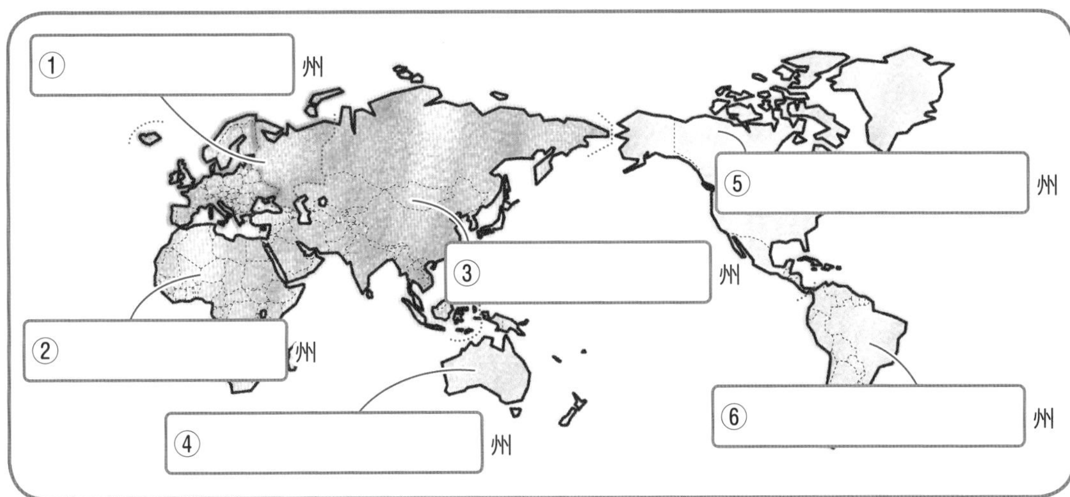
① 州
② 州
③ 州
④ 州
⑤ 州
⑥ 州

2 次の□にあてはまる語句や数字を，下の□の中から選びましょう。

(1) 世界の国や地域は［　　］つの州に分けられます。

(2) アジア州を細かく分けると，東アジア・［　　］・南アジア・西アジア・中央アジアに分けられます。

(3) 国土が海に囲まれている国を［　　］といいます。

(4) 国土がまったく海に面していない国を［　　］といいます。

(5) アジア州の北方の地域は［　　］とよばれることがあります。

島国　6　シベリア　東南アジア　内陸国

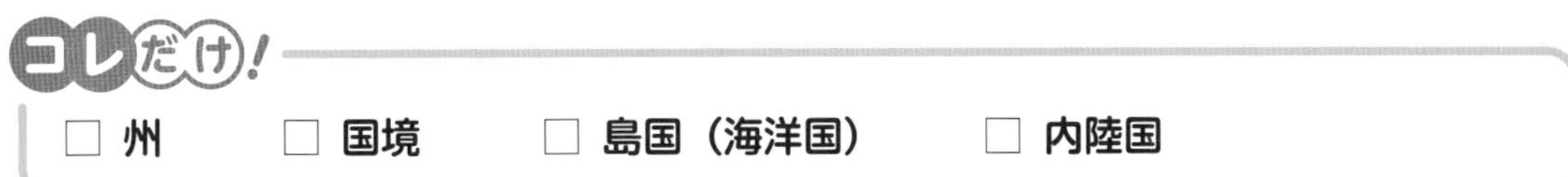
コレだけ！
□ 州　□ 国境　□ 島国（海洋国）　□ 内陸国

1

2

3

4
5

6

ステージ 4

日本のすがた①

日本の位置と領域を知ろう!

日本はまわりを海に囲まれた島国である。日本の領域の特色と問題について調査しなさい。

① 日本の位置

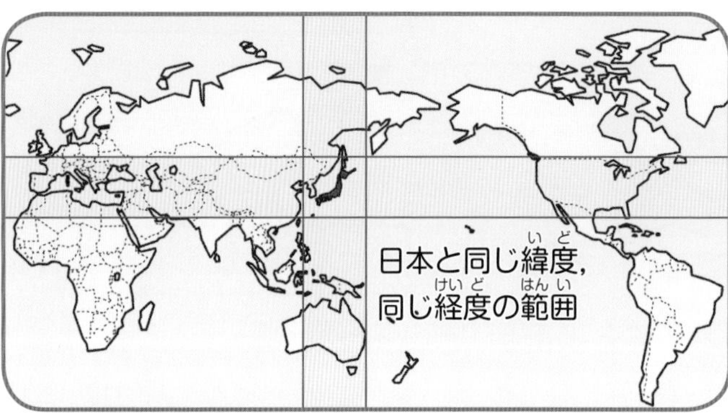

日本と同じ緯度,
同じ経度の範囲

調査報告

●日本の位置

日本は，およそ北緯20度～50度の間，東経120度～155度の間に位置しています。

緯度はアメリカや中国，経度はオーストラリアなどと同じくらいです。

② 領域の区分

領域とは1つの国の範囲のことだよ～。

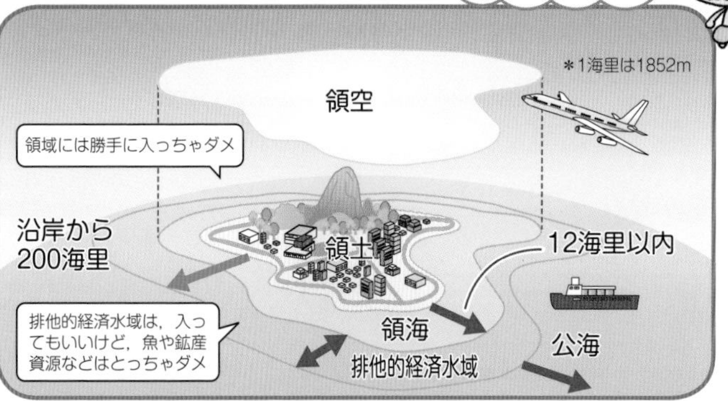

＊1海里は1852m
領空
領域には勝手に入っちゃダメ
沿岸から
200海里
領土
12海里以内
排他的経済水域は，入ってもいいけど，魚や鉱産資源などはとっちゃダメ
領海
公海
排他的経済水域

●領海と排他的経済水域

領域は，**領土**・**領海**・**領空**からなります。

排他的経済水域は領海をのぞく沿岸から**200海里**の範囲で，その国に資源を利用する権利があります。

③ 領土問題

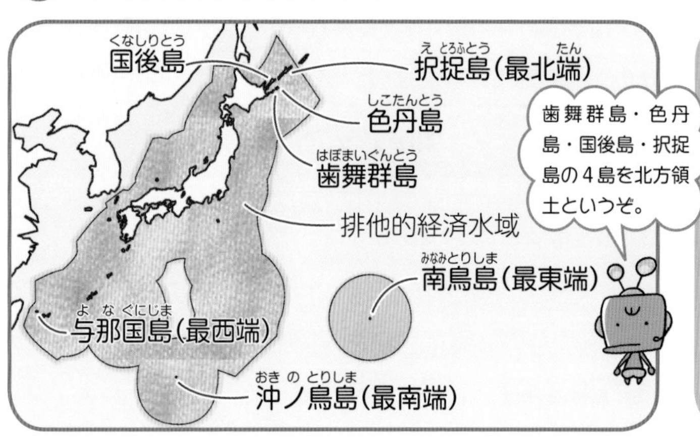

国後島
択捉島(最北端)
色丹島
歯舞群島
排他的経済水域
南鳥島(最東端)
与那国島(最西端)
沖ノ鳥島(最南端)
歯舞群島・色丹島・国後島・択捉島の4島を北方領土というぞ。

●日本の領土問題

北海道の東にある**北方領土**は日本固有の領土ですが，ロシアが占拠しています。

本来，日本の領土である竹島は韓国が占拠，尖閣諸島は中国が領有を主張しているんじゃ。

解いてみよう！

解答 p.2

1 日本の位置と領域について，地図中の［　］に入る語句を書きましょう。

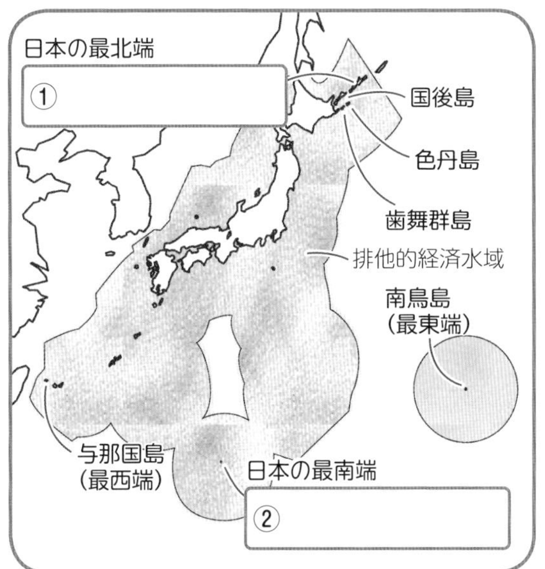
日本の最北端
①
国後島
色丹島
歯舞群島
排他的経済水域
南鳥島
（最東端）
与那国島
（最西端）
日本の最南端
②

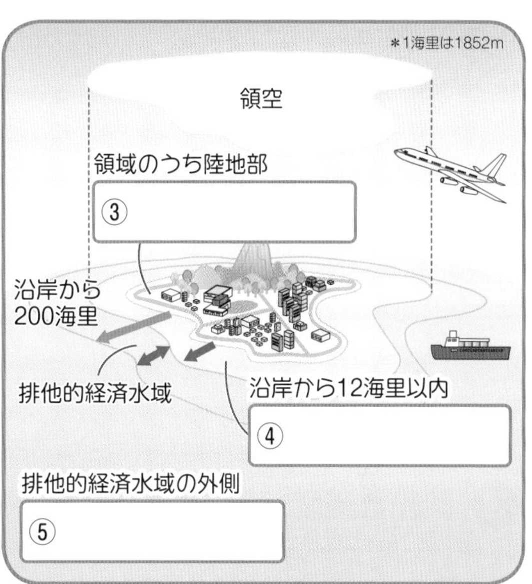
＊1海里は1852m
領空
領域のうち陸地部
③
沿岸から
200海里
排他的経済水域
沿岸から12海里以内
④
排他的経済水域の外側
⑤

2 次の［　］にあてはまる語句や数字を，下の［　］の中から選びましょう。

(1) 日本がふくまれる緯度は，［　　　　］やアメリカとほぼ同じです。

(2) 日本の領海は，領土沿岸から［　　　　］海里以内です。

(3) 沿岸から200海里以内の（領海をのぞく）範囲を［　　　　］といいます。

(4) 択捉島，国後島，色丹島，歯舞群島をあわせて［　　　　］といいます。
これらの島は，現在，［　　　　］に占拠されています。

12　　中国　　北方領土　　ロシア　　排他的経済水域

コレだけ！

☐ 領土　☐ 領海　☐ 領空　☐ 排他的経済水域　☐ 北方領土

ステージ 5

日本のすがた②

時差のしくみを知ろう！

世界の国には，時差というものがあるようだ。場所によって時刻がちがうしくみを調査しなさい。

1 時刻の差がある理由

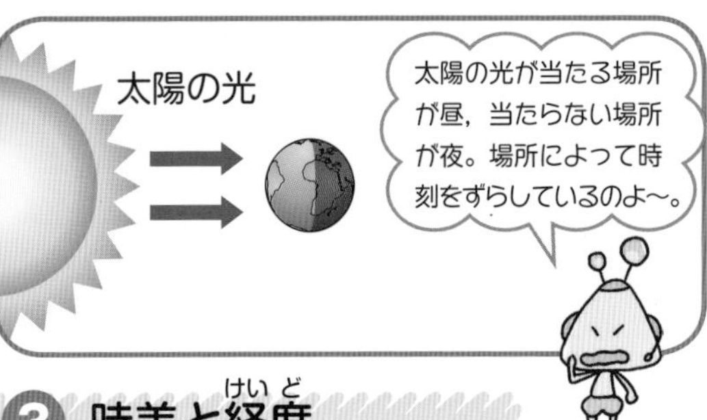
太陽の光
太陽の光が当たる場所が昼，当たらない場所が夜。場所によって時刻をずらしているのよ〜。

2 自転の方向

西
東
自転の方向
地球は西から東へ自転している。だから，東から西へ順に夜が明けていくぞ。

3 時差と経度

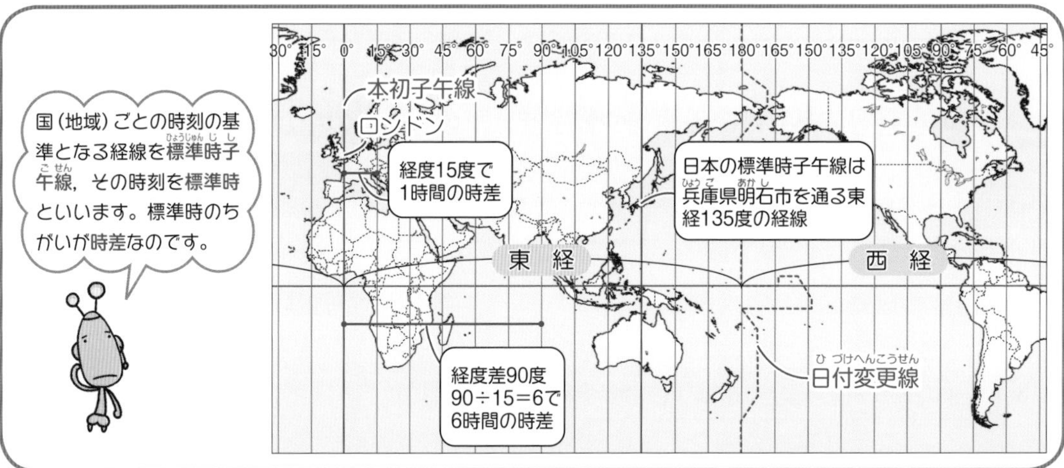
国（地域）ごとの時刻の基準となる経線を標準時子午線，その時刻を標準時といいます。標準時のちがいが時差なのです。
30° 15° 0° 15° 30° 45° 60° 75° 90° 105° 120° 135° 150° 165° 180° 165° 150° 135° 120° 105° 90° 75° 60° 45°
本初子午線
ロンドン
経度15度で1時間の時差
日本の標準時子午線は兵庫県明石市を通る東経135度の経線
東 経
西 経
経度差90度
90÷15＝6で
6時間の時差
日付変更線

調査報告

●時差のしくみ

地球は1日24時間で360度回転しているので，**経度15度**の差につき，**1時間の時差**になります。

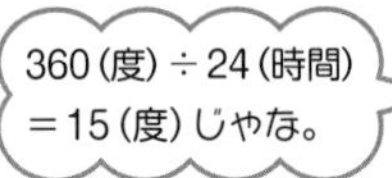
360（度）÷24（時間）＝15（度）じゃな。

●2つの地点の時差

2つの地点間の時差は**経度差÷15度**で分かります。たとえば，経度差が90度あれば，6時間の時差となります。

●日付変更線

経度180度の経線にほぼそって**日付変更線**が引かれています。

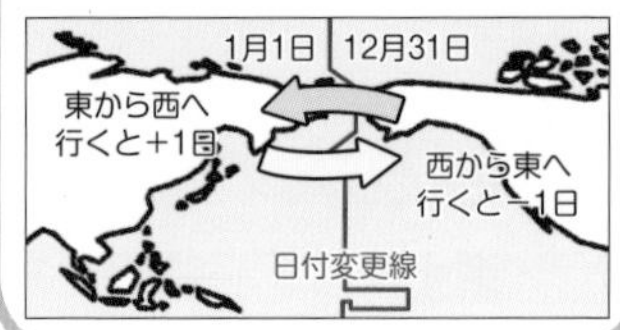
1月1日
12月31日
東から西へ行くと+1日
西から東へ行くと−1日
日付変更線

解いてみよう！

解答 p.3

1 次の□にあてはまる語句や数字を，下の⬚の中から選びましょう。

⑴ 地球が自転していることでうまれる時刻の差を［　　　　］といいます。

⑵ 時刻の基準になる経度０度の経線を［　　　　］といいます。

⑶ 経度［　　　　］度の差につき，１時間の時差になります。

⑷ 東経15度と東経90度の経度差は［　　　　］度です。

⑸ 東経135度と西経30度の経度差は［　　　　］度です。

15　75　165　本初子午線　時差

2 次の問いに答えましょう。

⑴ 各国が時刻を決める基準にしている経線を何といいますか。

［　　　　］

⑵ 経度180度の経線にほぼそって引かれている，日付を調整するための線を何といいますか。

［　　　　］

⑶ 東経135度で標準時を定める日本と，０度で標準時を定めるイギリスの時差は何時間ですか。

［　　　　］

⑷ 時差が３時間あるとき，経度の差は何度ですか。

［　　　　］

⑸ 日付変更線を境に，日付が新しいのは東と西のどちらですか。

［　　　　］

コレだけ！

□ 時差　□ 標準時子午線　□ 日付変更線

1

2

5
6

ステージ 6

日本のすがた③

日本の地域の分け方を知ろう!

日本には47の都道府県があり，地域ごとに分ける方法があるようだ。日本の地域区分を調査しなさい。

1 日本の地域区分

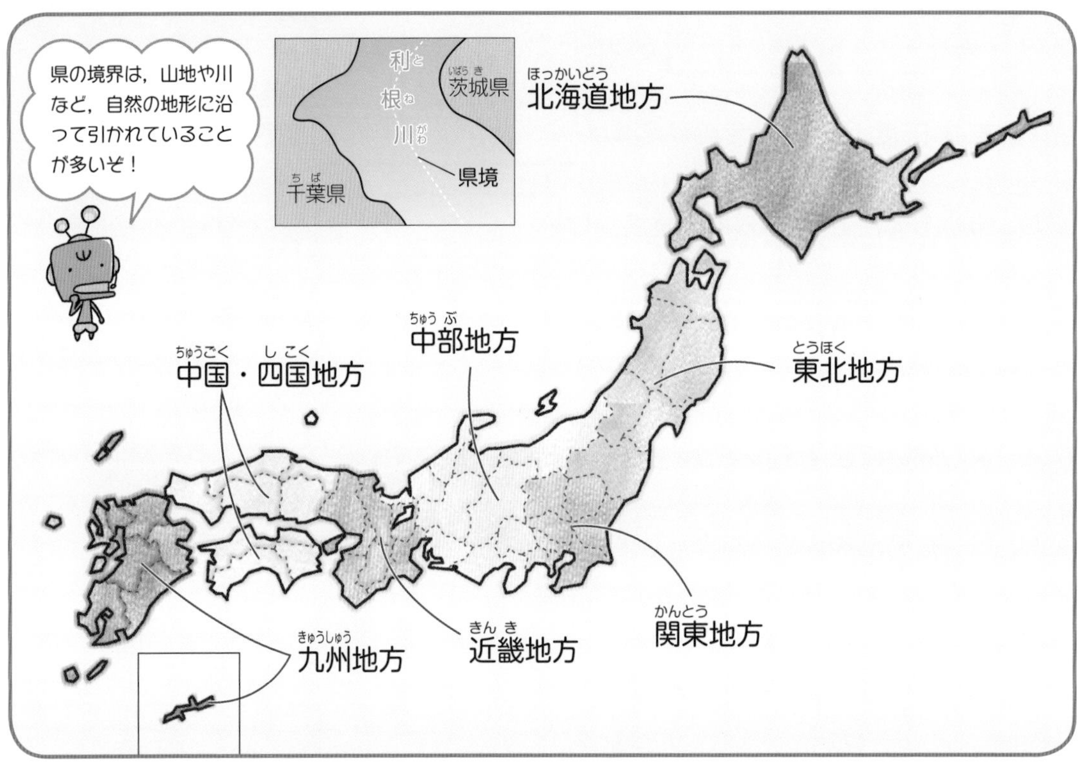

県の境界は，山地や川など，自然の地形に沿って引かれていることが多いぞ！
利根川
茨城県
県境
千葉県
北海道地方
東北地方
中部地方
中国・四国地方
関東地方
近畿地方
九州地方

調査報告

●47都道府県

日本には1**都**（東京都），1**道**（北海道），2**府**（大阪府・京都府）と43**県**の合計47の**都道府県**があります。

「都」や「府」には，みやこという意味があるよ～。

●7地方区分

日本は，7つの地方（北海道，東北，関東，中部，近畿，中国・四国，九州）に分けることができます。

気候や文化のちがいなどから細かく分ける方法もありますな。

●県庁所在地

県庁のおかれている都市を**県庁所在地**といいます。多くは，政治や経済の中心地になっています。

北海道は道庁，東京都は都庁，大阪府と京都府は府庁というんじゃ。

解いてみよう！

解答 p.3

1 日本の地域の分け方について，地図中の□に入る語句を書きましょう。

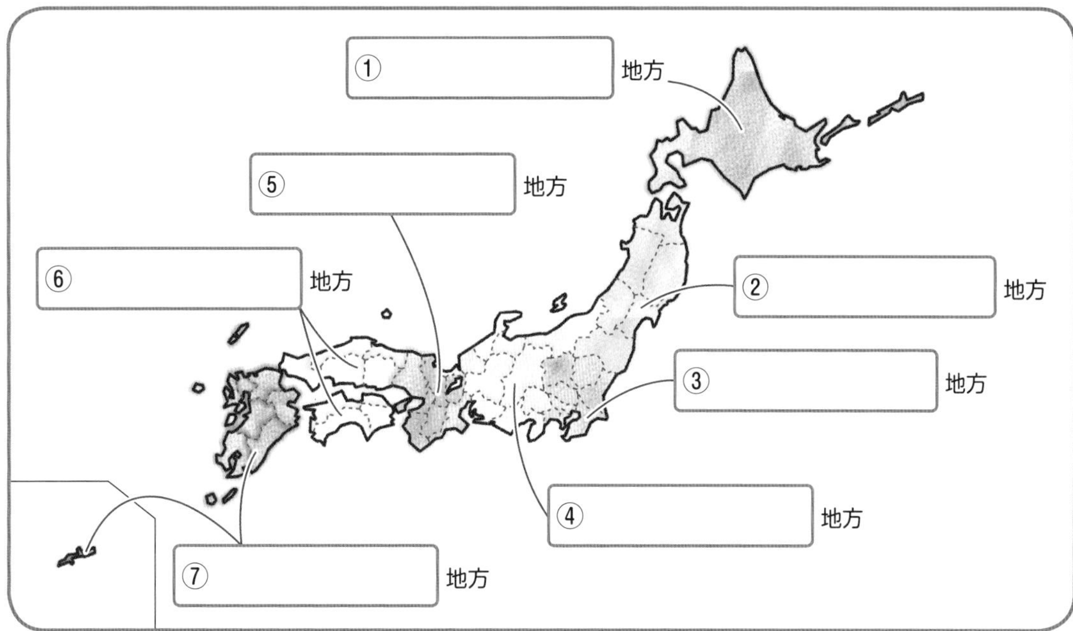

① 地方
② 地方
③ 地方
④ 地方
⑤ 地方
⑥ 地方
⑦ 地方

2 次の□にあてはまる語句や数字を，下の□の中から選びましょう。

(1) 日本には□の都道府県があります。

(2) 県庁のおかれている都市を□といいます。

(3) 日本を，北海道，東北，関東，中部，近畿，中国・四国，九州の７地方に分ける方法を□といいます。

県庁所在地	47	７地方区分

コレだけ！

- □ 47 都道府県
- □ ７地方区分
- □ 県庁所在地

1

2

3

4

5

確認テスト

解答 p.3

/100点

1 次の問いに答えましょう。（5点×7）

ステージ 1 2 3

(1) 地図中のA・Bの海洋の名を，次から1つずつ選んで，記号を書きましょう。

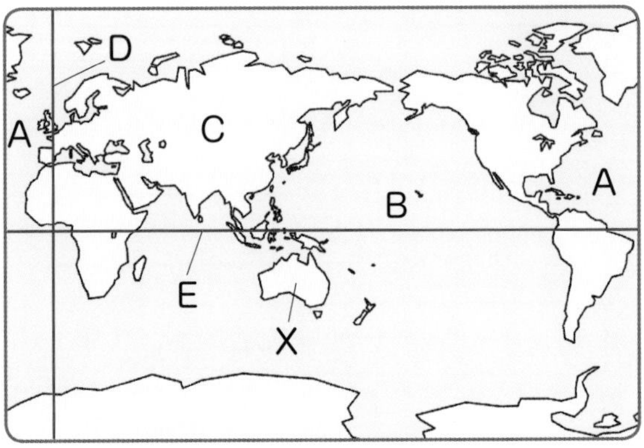

A
B

ア 太平洋（たいへいよう）　イ 大西洋（たいせいよう）
ウ インド洋

D
A
C
B
A
E
X

(2) 地図中のCの大陸を何といいますか。

(3) 次の文中の①，②にあてはまる語句を書きましょう。

経度（けいど）は地図中のDの経線（けいせん）である（ ① ）を中心に東経（とうけい）と西経（せいけい）に，緯度（いど）は地図中のEの緯線（いせん）である（ ② ）を中心に北緯（ほくい）と南緯（なんい）に分けられます。

①
②

(4) 地図中のXをふくむ州の名を，次から1つ選んで，記号を書きましょう。

ア ヨーロッパ州　イ 南アメリカ州
ウ オセアニア州　エ アフリカ州

(5) アジア州を細かく分けたとき，日本がふくまれる地域はどこですか。

2 次の問いに答えましょう。（5点×5）

ステージ 4

(1) 次の文中の①～④にあてはまる語句や数字を書きましょう。

日本はおよそ（ ① ）緯（い）20度～50度，（ ② ）経（けい）120度～155度の範囲（はんい）にあります。日本の領海（りょうかい）は沿岸から12海里（かいり），排他的経済水域（はいたてきけいざいすいいき）は沿岸から（ ③ ）海里で領海をのぞく範囲です。

①　②　③

(2) ロシア連邦に不法に占拠されている，地図中のXの島々をまとめて何といいますか。

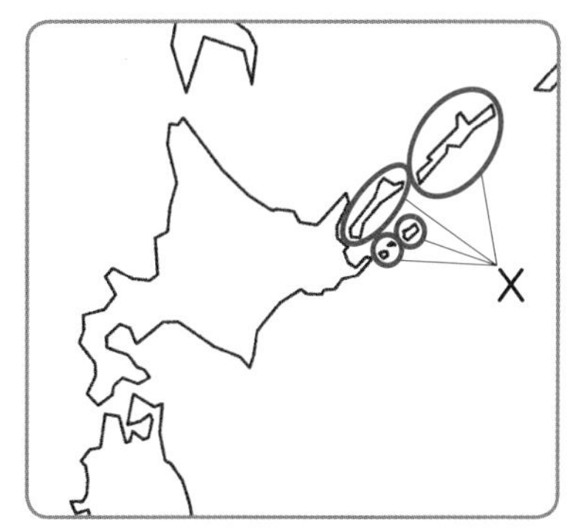
X

(3) (2)にふくまれる島を，次から１つ選んで，記号を書きましょう。

ア 南鳥島　イ 与那国島
ウ 沖ノ鳥島　エ 択捉島

3 **次の問いに答えましょう。**（5点×4）　ステージ 5

(1) 次の文中の①，②にあてはまる語句や数字を書きましょう。

時差は経度（ ① ）度につき１時間生じます。
日付は（ ② ）を境にかわります。

①
②

(2) 日本の①標準時子午線は何度か書きましょう。また，②その経線を地図中の**ア**～**エ**から１つ選んで，記号を書きましょう。

①　②

エウイア
日本海
太平洋

4 **次の問いに答えましょう。**（5点×4）　ステージ 6

(1) 47都道府県のうち，都を１つ，府を２つ，地図中の**ア**～**ク**から選んで，記号を書きましょう。

都

府

(2) 地図中の兵庫県の県庁所在地を書きましょう。

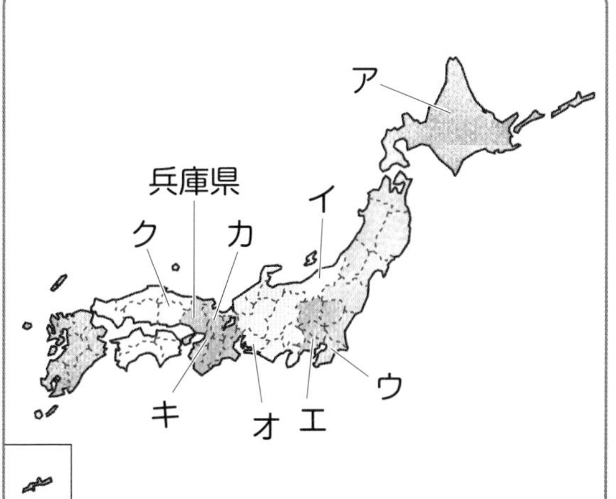
ア
兵庫県
イ
ク
カ
ウ
キ
オ
エ

調査報告 プラス

● 日本の排他的経済水域の広さ

日本には，沖ノ鳥島や南鳥島，与那国島など多くの離島があるので，排他的経済水域の面積は領土よりもかなり広くなっています。

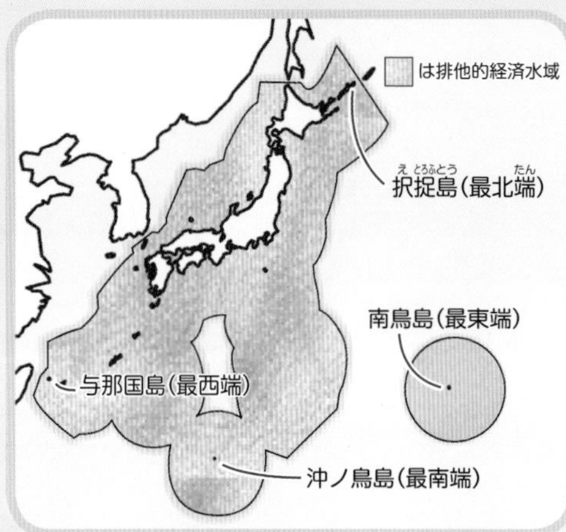

は排他的経済水域
択捉島（最北端）
南鳥島（最東端）
与那国島（最西端）
沖ノ鳥島（最南端）

沖ノ鳥島は水没のおそれがあったため，護岸工事を行ったのです。それで排他的経済水域は守られたのですな。

領土と排他的経済水域の面積

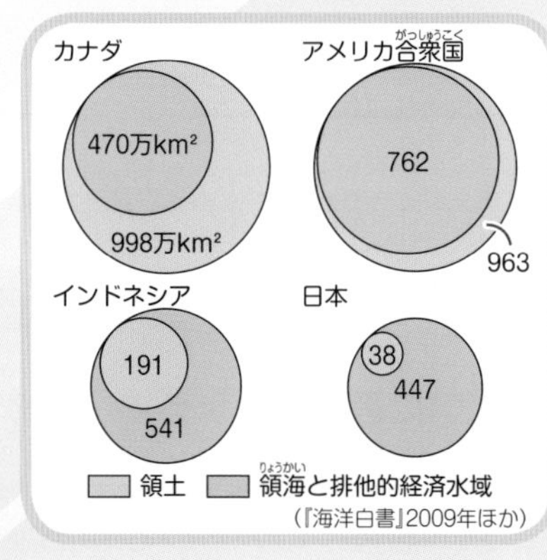

カナダ
470万km²
998万km²
アメリカ合衆国
762
963
インドネシア
191
541
日本
38
447
領土
領海と排他的経済水域
（『海洋白書』2009年ほか）

日本の排他的経済水域の面積は，領土（約37.8km²）の10倍以上あるんじゃ。

「世界と日本のすがた」
調査完了！

次へ
進もう

2章

世界の気候と人々の生活

　地球について調べていると，人間という生物がくらしていることがわかった。どうやら気候によって生活にちがいがあるようだ。

　世界の気候と人々の生活を調査しよう。

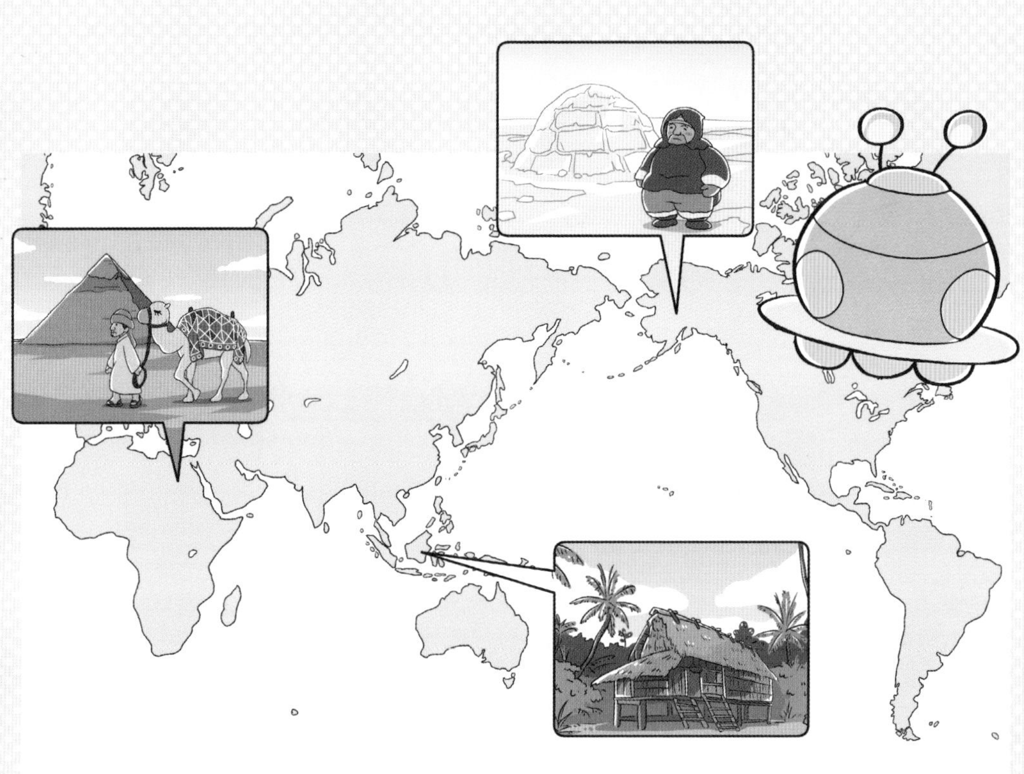

ステージ 7

世界のさまざまな環境

世界の気候をおさえよう!

世界の気候は，５つの気候帯に分けられるようだ。気温と降水量のちがいに注目して調査しなさい。

1 世界の気候

調査報告

温帯

温暖な気候です。**四季**がはっきりしていて，季節によって気温や降水量が大きく変化します。

寒帯

一年中寒さがきびしい気候です。一年中氷と雪におおわれている地域もあります。

植物はほとんど育たないよ～。

亜寒帯（冷帯）

冬の寒さがきびしい気候です。**タイガ**という針葉樹林が見られます。

タイガ▶

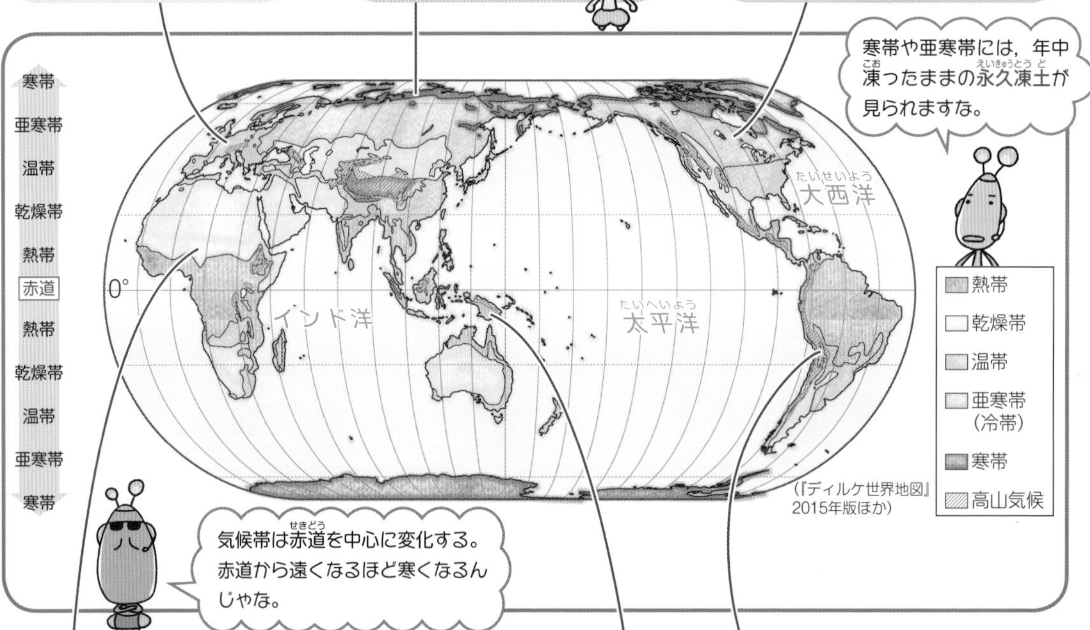

寒帯
亜寒帯
温帯
乾燥帯
熱帯
赤道
熱帯
乾燥帯
温帯
亜寒帯
寒帯
0°
インド洋
太平洋
大西洋
熱帯
乾燥帯
温帯
亜寒帯（冷帯）
寒帯
高山気候

（『ディルケ世界地図』2015年版ほか）

寒帯や亜寒帯には，年中凍ったままの永久凍土が見られますな。

気候帯は赤道を中心に変化する。赤道から遠くなるほど寒くなるんじゃな。

乾燥帯

降水量がとても少ない気候です。**砂漠**や乾燥した草原が広がっており，水のわく場所は**オアシス**といいます。

熱帯

一年中暑くて，降水量が多い気候です。一年中，緑の葉がしげるうっそうとした**熱帯雨林**が見られます。

◆高山気候

標高が高い地域は，気温が低くなります。

緯度が同じでも標高が高い方が，気温が低くなるぞ！

月　日

解答 p.3

1 次の［　　］にあてはまる語句を，下の［　　］から選びましょう。

(1) 温暖で四季がはっきりしている気候を［　　　　］といいます。

(2) 一年中寒さがきびしい気候を［　　　　］といいます。

(3) 亜寒帯（冷帯）は冬の寒さがきびしく，一年中凍ったままの土である［　　　　］が見られます。

(4) 乾燥帯は降水量が少なく，［　　　　］や草原が広がっています。

(5) 一年中暑くて降水量が多い気候を［　　　　］といいます。

熱帯　　寒帯　　温帯　　永久凍土　　砂漠

2 世界の気候について，次の問いに答えましょう。

(1) 亜寒帯（冷帯）に見られる針葉樹林を何といいますか。

［　　　　］

(2) 熱帯に見られる，一年中緑の葉がしげっている森林を何といいますか。

［　　　　］

(3) 標高が高い地域の気候の特色について正しいものを，次から１つ選んで，記号を書きましょう。

［　　　　］

ア　同じ緯度の地域とくらべて，気温が高くなる。
イ　同じ緯度の地域とくらべて，気温が低くなる。
ウ　同じ緯度の地域と，気候の特色は変わらない。

コレだけ！

□ 温帯　□ 熱帯　□ 乾燥帯　□ 亜寒帯（冷帯）　□ タイガ

ステージ 8

世界の人々の生活

世界のくらしをおさえよう！

世界の国々は，地域によって住居や衣服がちがうようだ。人々がくらす場所とその特色を調査しなさい。

1 世界のくらし

調査報告

あたたかい地域

▲石づくりの家

ギリシャやイタリアなどの地中海沿岸では，夏の強い日差しを防ぐため，白壁で窓が小さな，**石づくり**の家が見られます。

一年中寒い地域

▲毛皮のコート

寒さがきびしいアラスカでは，毛皮のコートやぼうしを身につけます。雪をかためて積んだ，**イグルー**という冬の家をつくることがあります。

イグルー▶

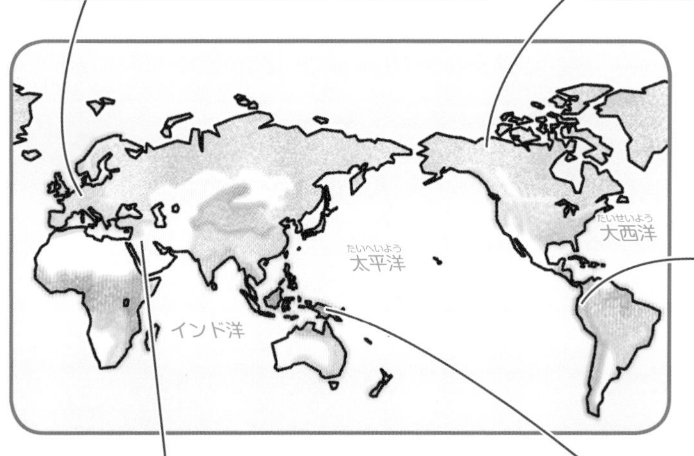

大西洋
太平洋
インド洋

標高が高い地域

1日の気温の差が大きいアンデス山脈の高地では，**アルパカ**の毛でつくった，ぬぎ着のしやすい**ポンチョ**などを着ています。

ポンチョ▲

乾燥した地域

西アジアや北アフリカでは**日干しれんが**の家，モンゴルでは**遊牧**に便利な組み立て式のテント（**ゲル**）が見られます。

ゲル▶

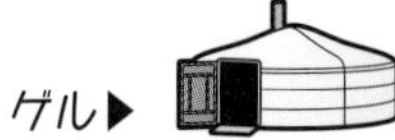

暑い地域

高床の住居▼

赤道近くの暑くて雨の多い地域では，湿気を防ぐため，**高床の住居**が見られます。

衣服は，インドの伝統衣装である**サリー**など，風通しのよいものが好まれます。

サリー▶

食事の中心となる食べものを主食という。なかでも米・小麦・とうもろこしを三大穀物とよぶんじゃ。いも類が主食の地域もあるぞ。

解いてみよう！

解答 p.4

1 次の［　］にあてはまる語句を，下の［　］の中から選びましょう。

(1) 寒さのきびしいアラスカでは［　　　　］とよばれる，雪をかためて積んだ冬の家をつくることがあります。

(2) アンデス山脈でくらす人々は，アルパカの毛でつくった，ぬぎ着のしやすい［　　　　］を着ています。

(3) インドの女性が着る［　　　　］は，湿気や暑さを防ぐ，風通しのよいつくりの衣服です。

(4) モンゴルでは，移動に便利な［　　　　］という組み立て式のテントが見られます。

ゲル　　イグルー　　サリー　　ポンチョ

2 次の問いに答えましょう。

(1) 赤道近くの地域で，右のような高床の住居が見られる理由を，次から１つ選んで，記号を書きましょう。［　　　　］

ア　建物の熱で地面の氷がとけないようにするため。
イ　風通しをよくして湿気を防ぐため。
ウ　地震（じしん）などの災害の被害（ひがい）を防ぐため。

(2) 乾燥した西アジアや北アフリカで見られる住居の材料を，次から１つ選んで，記号を書きましょう。［　　　　］
ア　木材　　**イ**　竹　　**ウ**　日干しれんが

(3) 三大穀物とよばれる作物は，米・小麦と，あと１つは何ですか。［　　　　］

コレだけ！
☐ イグルー　　☐ アルパカ　　☐ 遊牧　　☐ ゲル

ステージ 9

雨温図

雨温図を読み取ろう！

いろいろな土地の気候の特色を表すために，雨温図(うおんず)というグラフが使われているようだ。どのように読み取るのか調査しなさい。

1 雨温図

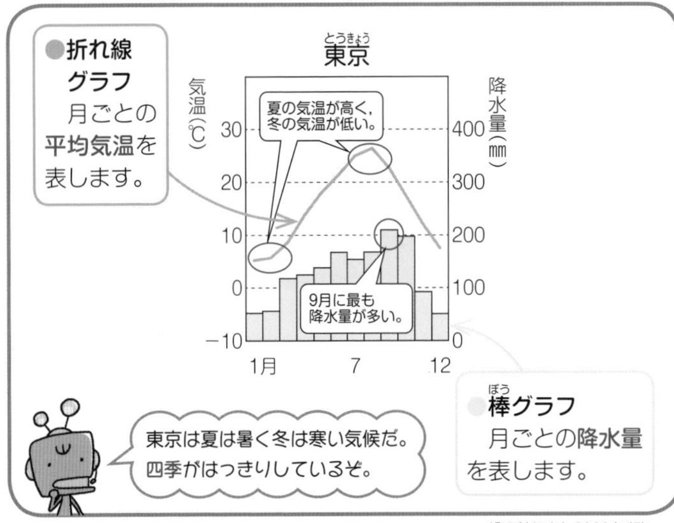

●折れ線グラフ
月ごとの平均気温を表します。
東京
気温(℃)
降水量(mm)
夏の気温が高く，冬の気温が低い。
9月に最も降水量が多い。
30
20
10
0
−10
400
300
200
100
0
1月
7
12
●棒グラフ
月ごとの降水量を表します。
東京は夏は暑く冬は寒い気候だ。四季がはっきりしているぞ。

（『理科年表』2020年版）

調査報告

●気温と降水量のグラフ

雨温図は，**気温**と**降水量**をもとに，その土地の気候の特色を表すグラフです。

平均気温を折れ線グラフ，降水量を棒グラフで月ごとに示します。

その土地が暑いか寒いか，雨が多いか乾燥(かんそう)しているか，などが分かります。

2 いろいろな土地の雨温図

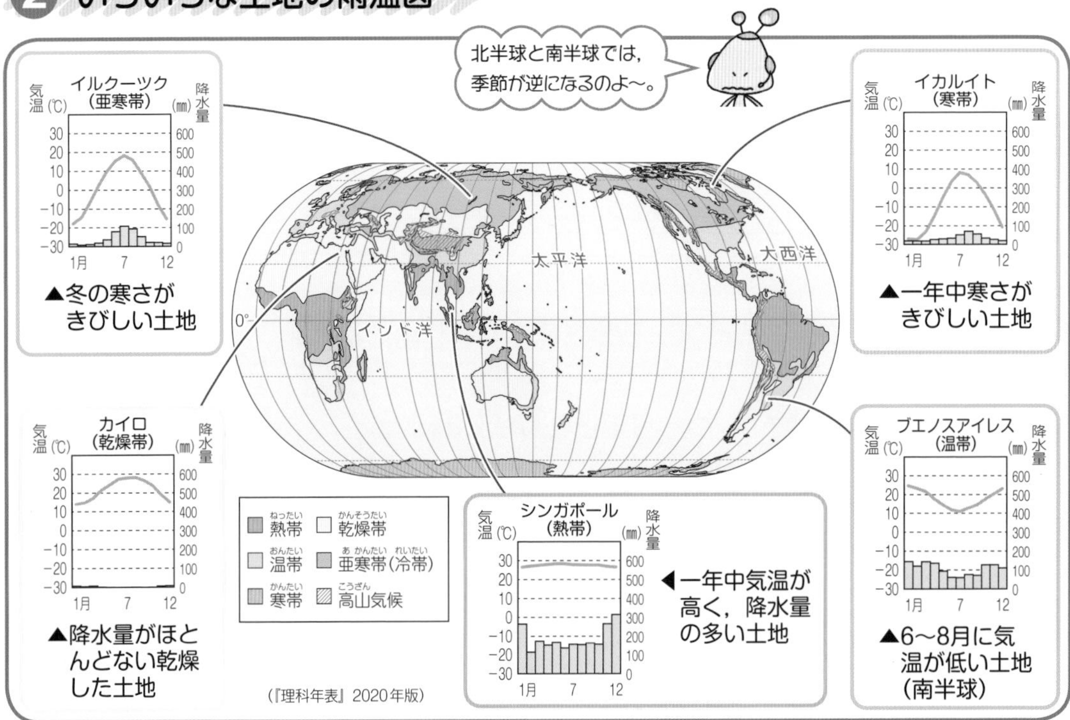

北半球と南半球では，季節が逆になるのよ〜。
イルクーツク（亜寒帯）
▲冬の寒さがきびしい土地
イカルイト（寒帯）
▲一年中寒さがきびしい土地
カイロ（乾燥帯）
▲降水量がほとんどない乾燥した土地
シンガポール（熱帯）
◀一年中気温が高く，降水量の多い土地
ブエノスアイレス（温帯）
▲6〜8月に気温が低い土地（南半球）
気温(℃)
降水量(mm)
30
20
10
0
−10
−20
−30
600
500
400
300
200
100
0
1月
7
12
太平洋
大西洋
インド洋
0°
熱帯
乾燥帯
温帯
亜寒帯（冷帯）
寒帯
高山気候

（『理科年表』2020年版）

解いてみよう！

解答 p.4

1 次の［　　］にあてはまる語句を書きましょう。また，…と　　をなぞって，雨温図を完成させましょう。

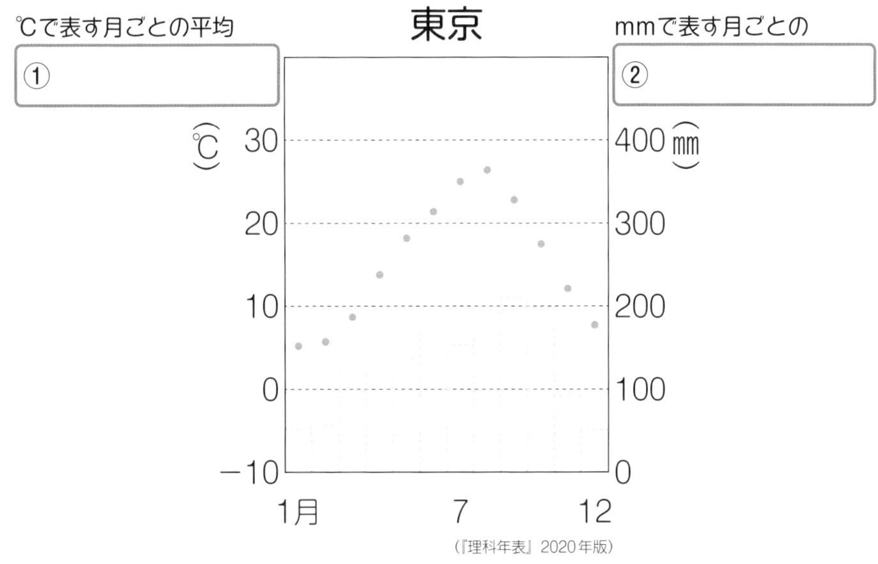
℃で表す月ごとの平均
①
東京
mmで表す月ごとの
②
(℃)
30
20
10
0
−10
400
300
200
100
0
(mm)
1月
7
12
(『理科年表』2020年版)

2 次の問いに答えましょう。

(1) 雨温図で，気温を表すのは，折れ線グラフと棒グラフのどちらですか。

［　　　　］

(2) 右の雨温図を見て，次の問いに答えましょう。

① 一年中気温が高い場所はどちらですか。

［　　　　］

② 6～8月に気温が低くなる南半球に位置している場所はどちらですか。

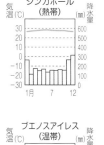

［　　　　］

③ 年間降水量が多い場所はどちらですか。

［　　　　］

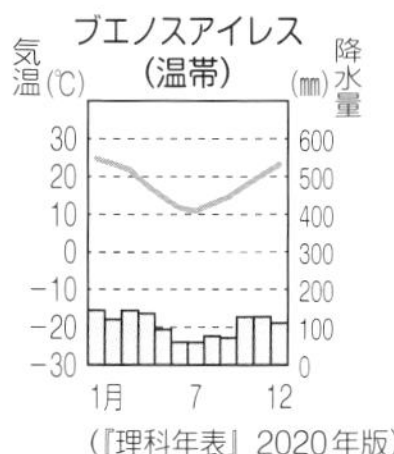
シンガポール
(熱帯)
気温(℃)
降水量(mm)
30
20
10
0
−10
−20
−30
600
500
400
300
200
100
0
1月
7
12
ブエノスアイレス
(温帯)
気温(℃)
降水量(mm)
(『理科年表』2020年版)

コレだけ！

□ 雨温図　□ 気温　□ 降水量

ステージ 10

世界の宗教

世界の宗教の特色を知ろう！

キリスト教，イスラム教，仏教(ぶっきょう)は三大宗教とよばれている。生活とのかかわりに注目して調査しなさい。

1 世界の宗教の分布

イスラム教はアフリカ北部から西・中央アジアに，仏教は東南アジアや東アジアを中心に広がっているぞ！

キリスト教は，ヨーロッパやアメリカを中心に世界中に広がっていますな。

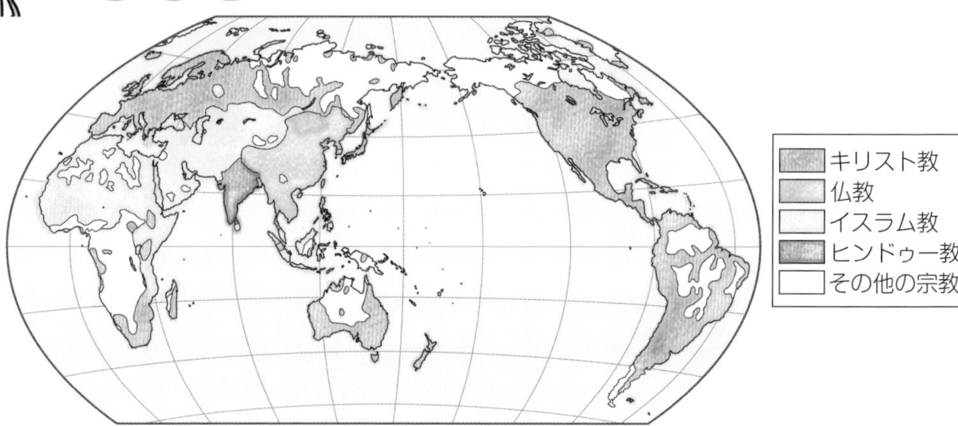
キリスト教
仏教
イスラム教
ヒンドゥー教
その他の宗教

（『ディルケ世界地図』2015年版ほか）

ヒンドゥー教は，おもにインドで信仰(しんこう)されているよ。牛を大切にする習慣があるので，牛肉は食べないんだ。川で沐浴(もくよく)をして身を清めるんだね～。

ガンジス川▶での沐浴

調査報告

●キリスト教

キリスト教はイエスが開きました。教典は聖書(せいしょ)。クリスマスやイースターなどの行事が有名です。

●イスラム教

イスラム教はムハンマドが開きました。教典はコーラン。

1日5回のおいのり

ぶたや酒は口にしない

●仏教

仏教はシャカが開きました。教典は経(きょう)。

仏教徒は東アジアに多く，寺院などの建物や仏像が見られます。

月　日

解いてみよう！

解答 p.4

1 **次の□にあてはまる語句を，下の□の中から選びましょう。**

(1) おもに東アジアで広く信仰されている宗教は，［　　　　］です。

(2) おもにヨーロッパやアメリカなどで広く信仰されている宗教は，［　　　　］です。

(3) イスラム教は［　　　　］が開いた宗教です。

(4) インドでは現在，［　　　　］が広く信仰されています。

(5) ［　　　　］では，１日に５回のおいのりをします。

イスラム教　　ムハンマド　　仏教　　キリスト教　　ヒンドゥー教

2 **次の問いに答えましょう。**

(1) 三大宗教についてまとめた次の表の①～④にあてはまる語句を，あとから１つずつ選んで，記号を書きましょう。

	キリスト教	仏教	イスラム教
開いた人物	①	②	ムハンマド
教典	③	経	④

①［　　］　②［　　］　③［　　］　④［　　］

ア　コーラン　　**イ**　シャカ　　**ウ**　イエス　　**エ**　聖書

(2) イスラム教で口にするのが禁止されている動物は何ですか。

［　　　　］

コレだけ！

□ **キリスト教**　　□ **イスラム教**　　□ **仏教**

7　8　9　10

確認テスト

解答 p.4

/100点

次の問いに答えましょう。（5点×9）

ステージ
7
8

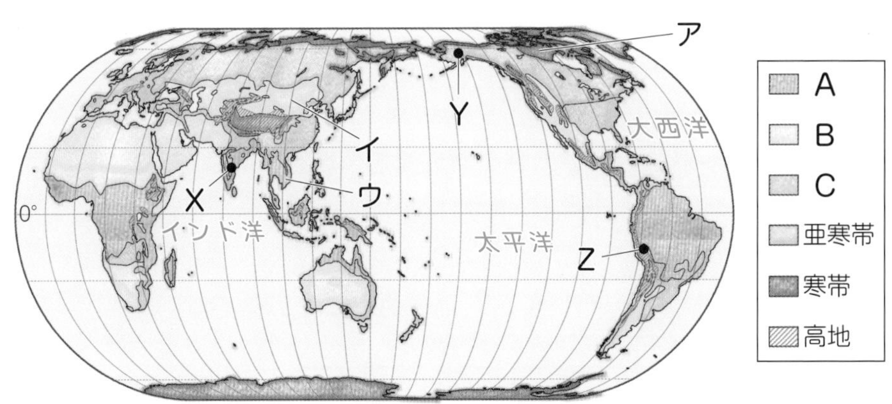

ア
イ
ウ
X
Y
Z
0°
大西洋
インド洋
太平洋
A
B
C
亜寒帯
寒帯
高地

（『ディルケ世界地図』2015年版ほか）

⑴　地図中のA～Cにあてはまる気候帯の名を書きましょう。

A　　B　　C

⑵　次の①，②の住居が見られる地域を，地図中のア～ウから１つずつ選んで，記号で書きましょう。

①　②

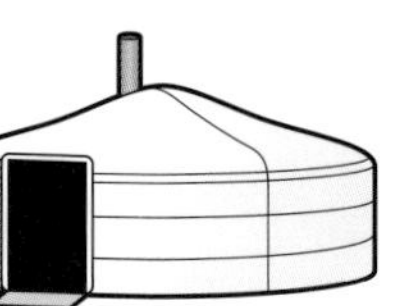

①　②

⑶　地図中のX～Zの地域でくらす人々の衣服を，右のア～ウから１つずつ選んで，記号を書きましょう。

X　Y　Z

ア　イ　ウ

⑷　人々の主食となる，世界の三大穀物としてあやまっているものを，次から１つ選んで，記号を書きましょう。

ア　小麦　　**イ**　とうもろこし　　**ウ**　いも類　　**エ**　米

月　日

2 次の①～④の雨温図を示す気候帯について，あてはまる文を，あとのア～エから1つずつ選んで，記号を書きましょう。（5点×4）

ステージ 7 9

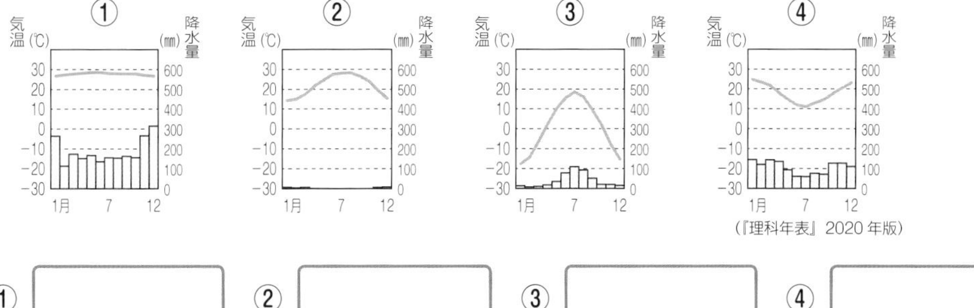
①
②
③
④
気温（℃）
降水量（mm）
（『理科年表』2020年版）

① ② ③ ④

ア　南半球に位置しているため，6～8月に気温が低くなる。

イ　1年を通して降水量がほとんどなく，砂漠や草原が広がる。

ウ　1年中暑くて降水量が多く，熱帯雨林が見られる。

エ　冬の寒さがきびしく，タイガとよばれる針葉樹林がみられる。

3 次の問題に答えましょう。（5点×7）

ステージ 10

(1)　地図中の①～④にあてはまる世界の宗教を，次から1つずつ選んで，記号を書きましょう。

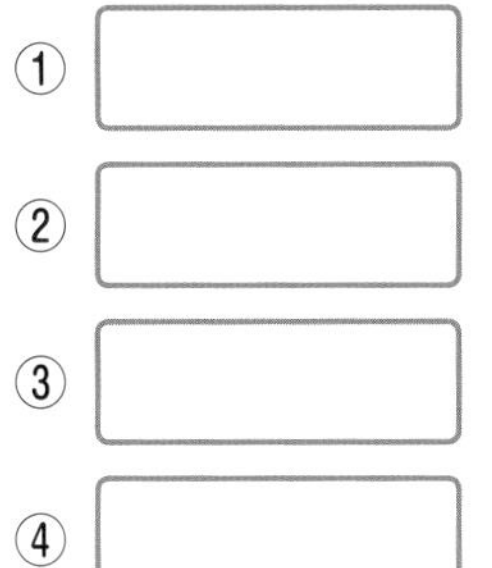

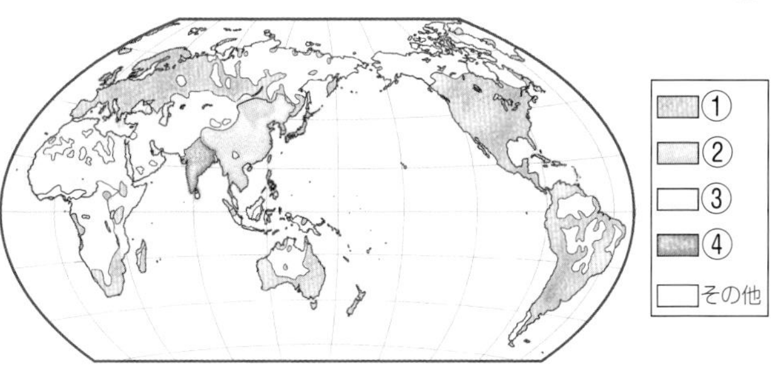
①
②
③
④
その他

（『ディルケ世界地図』2015年版ほか）

ア　イスラム教　　**イ**　キリスト教　　**ウ**　ヒンドゥー教　　**エ**　仏教

(2)　ヒンドゥー教で大切にする習慣がある動物は何ですか。

(3)　イスラム教の教典を何といいますか。

(4)　キリスト教と関連が深い行事を，次から1つ選んで，記号を書きましょう。

ア　大みそか　　**イ**　クリスマス　　**ウ**　七夕

調査報告 プラス

●国旗のいろいろ

世界の国々には国旗があります。国旗の多くは，各国の自然や歴史，宗教などと関係があり，その国の特徴を表しています。

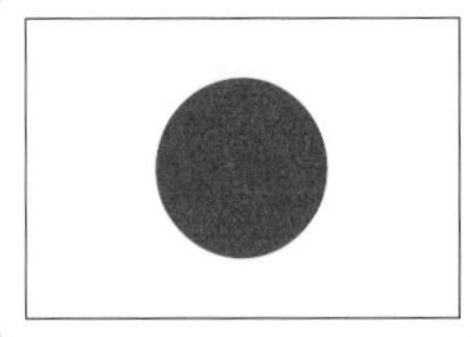

<日本>
正式には「日章旗」で，「日の丸」ともよばれています。

<アメリカ合衆国>
星の数は，現在の州の数を示しています。

<イギリス>
「ユニオンジャック」とよばれています。

<フランス>
三色が自由，平等，博愛を表しています。

<カナダ>
中央の葉っぱは「カエデ」を表しています。

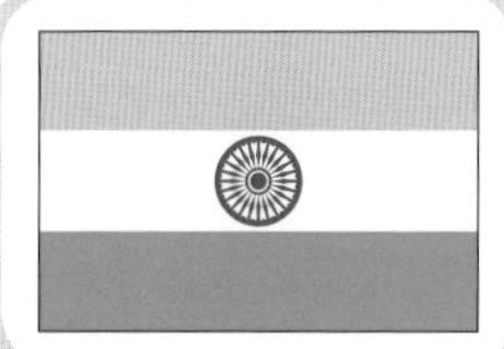

<インド>
黄色（サフラン色）はヒンドゥー教，緑はイスラム教の伝統色です。

国旗には，人々の思いや願いがこめられているものもあるのじゃ。

「世界の気候と人々の生活」
調査完了！

次へ進もう

3章

世界の諸地域①

世界には多くの国があるようだ。

広いユーラシア大陸やアフリカ大陸をながめると，とても高い山々や，石をつみあげてつくった大きな建造物などが見えるぞ。

アジア州，ヨーロッパ州，アフリカ州の国々を調査しよう。

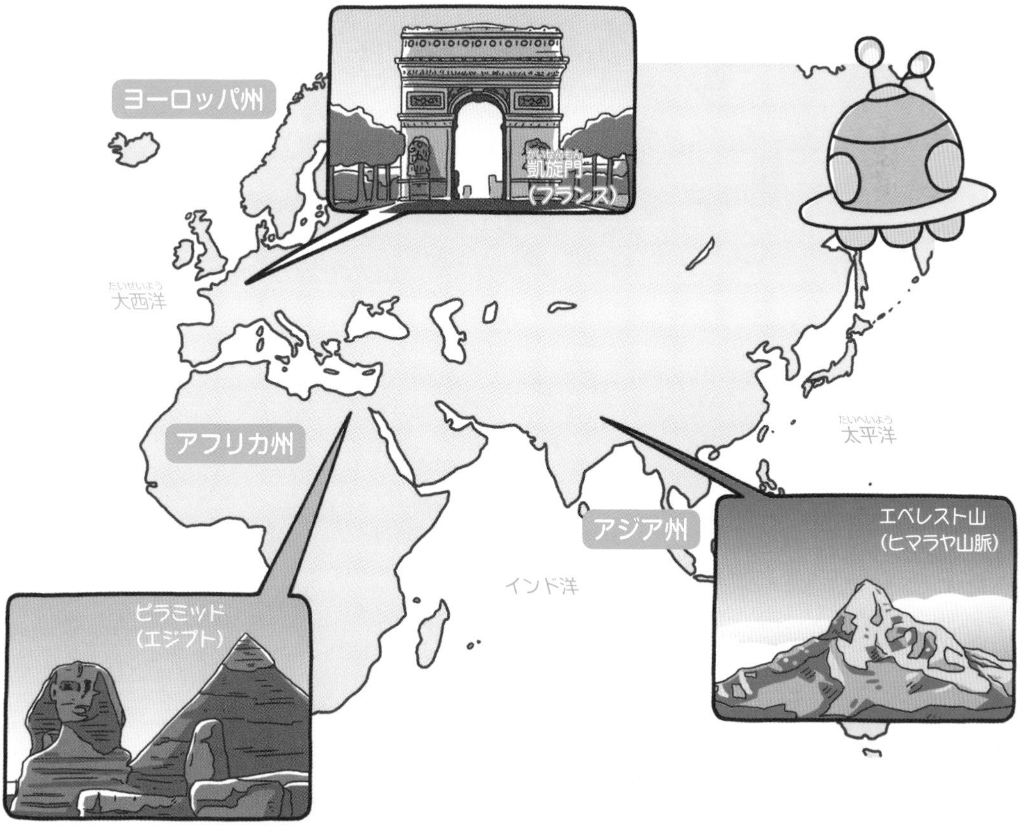

ヨーロッパ州

凱旋門
(フランス)

大西洋

アフリカ州

太平洋

アジア州

エベレスト山
(ヒマラヤ山脈)

インド洋

ピラミッド
(エジプト)

ステージ 11

アジア州①

中国とインドをおさえよう!

東アジアの中国と南アジアのインドは，人口が多くて産業もさかんなようだ。調査しなさい。

今ココ!

1 中国とインド

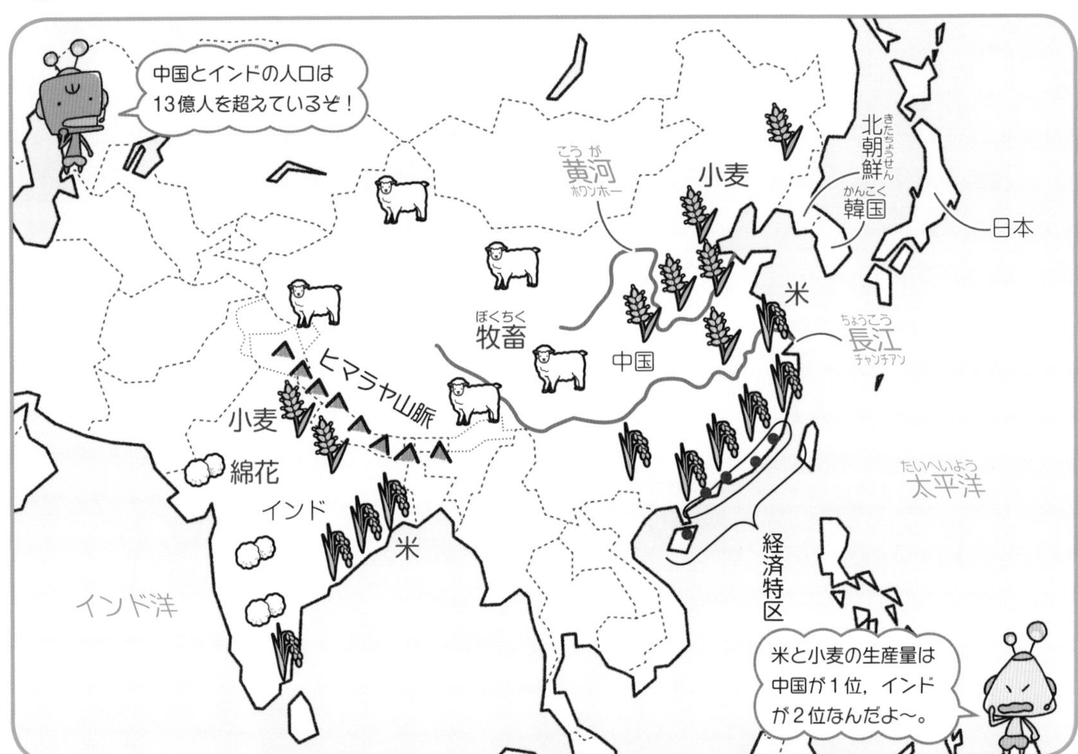

中国とインドの人口は
13億人を超えているぞ!
黄河
小麦
北朝鮮
韓国
日本
米
長江
牧畜
中国
ヒマラヤ山脈
小麦
綿花
インド
米
太平洋
インド洋
経済特区
米と小麦の生産量は
中国が1位，インドが2位なんだよ～。

調査報告

●中国

人口が世界1位です。**一人っ子政策**で人口の増加をおさえようとしてきました。人口の約9割が**漢民族**です。

降水量の少ない北部は**畑作**，多い南部では**稲作**，乾燥した内陸部では**牧畜**がさかんです。

沿岸部の**経済特区**を中心に経済発展が進んでいます。

中国は「世界の工場」とよばれているのじゃ。

●インド

人口が世界2位です。**ヒンドゥー教徒**が人口の約8割をしめています。**情報技術産業**が発展しています。

英語や数学の教育水準が高いのです。

月　日

解いてみよう！

解答 p.5

1 中国とインドについて，地図中の□に入る語句を書きましょう。

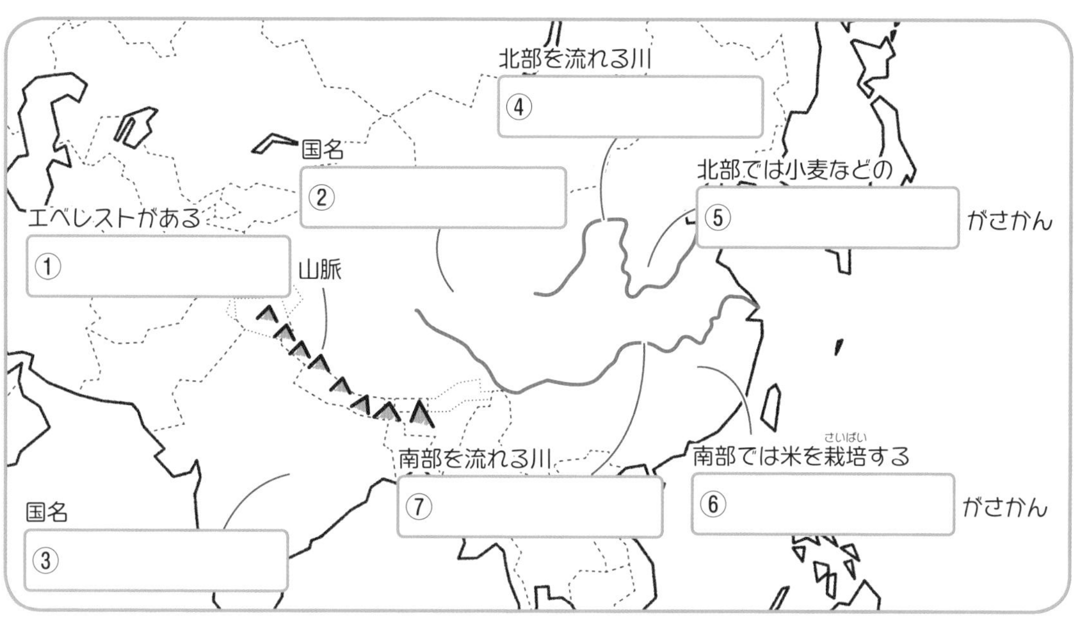
北部を流れる川
④
国名
②
北部では小麦などの
⑤
がさかん
エベレストがある
①
山脈
南部を流れる川
⑦
南部では米を栽培する
⑥
がさかん
国名
③

2 次の□にあてはまる語句を，下の□の中から選びましょう。

(1) 世界の国々の中で人口が最も多いのは□，２番目に多いのは□です。

(2) 中国では人口の増加をおさえるために□を行ってきました。

(3) 中国の沿岸部には，外国企業を受け入れるために□がつくられました。

(4) インドでは人口の約８割を□教徒がしめています。

ヒンドゥー　　インド　　一人っ子政策　　経済特区　　中国

コレだけ！

☐ 漢民族　☐ 一人っ子政策　☐ 経済特区　☐ ヒンドゥー教

ステージ 12

アジア州②

アジアの諸地域をおさえよう！

東南アジアは工業化，西アジアは鉱産資源が発展のカギになっている。それぞれ調査しなさい。

今ココ！

1 東南アジア

冬の季節風
はASEAN加盟国
太平洋
ベトナム
タイ
フィリピン
カンボジア
天然ゴム
マレーシア
バナナ
アブラやし
シンガポール
夏の季節風
インドネシア

調査報告

●東南アジアの農業

稲作がさかんで，年２回稲を栽培する**二期作**も行われています。**プランテーション**という大農園で，天然ゴムやアブラやし，バナナなどを輸出用に栽培しています。

●東南アジアのつながり

多くの国が**東南アジア諸国連合（ASEAN）**に加盟しています。

2 工業化の進む東南アジア

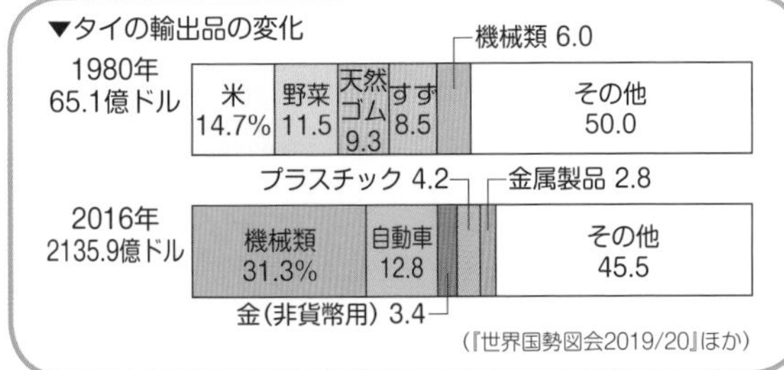

▼タイの輸出品の変化
1980年 65.1億ドル
米 14.7%
野菜 11.5
天然ゴム 9.3
すず 8.5
機械類 6.0
その他 50.0
2016年 2135.9億ドル
機械類 31.3%
自動車 12.8
プラスチック 4.2
金(非貨幣用) 3.4
金属製品 2.8
その他 45.5

（『世界国勢図会2019/20』ほか）

●農産物から工業製品へ

タイやマレーシアなどでは，外国の企業を受け入れて工業化を進めました。

近年は，機械類の輸出が増えているね～。

3 西アジア・中央アジア

石油や天然ガスは，タンカーやパイプラインで運ばれるぞ。
石油
イラン
ペルシャ湾
サウジアラビア
アラブ首長国連邦
インド洋
OIL

●西アジア・中央アジア

乾燥した気候で，イスラム教を信仰する人が多い地域です。おもな産油国は，**石油輸出国機構（OPEC）**に加盟しています。中央アジアは**レアメタル**などの鉱産資源に恵まれています。

解いてみよう！

解答 p.5

1 東南アジア，西アジア，中央アジアについて，地図中の［　］に入る語句を書きましょう。

季節によりふく方向が変わる
①
国名
②
カンボジア
ベトナム
フィリピン
マレーシア
国名
③
インドネシア

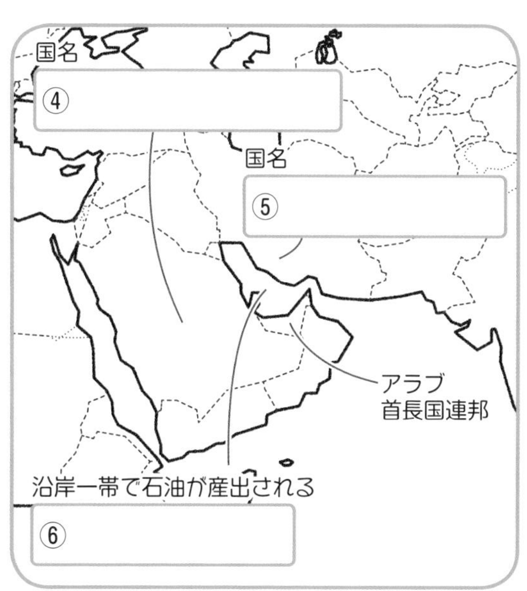
国名
④
国名
⑤
アラブ
首長国連邦
沿岸一帯で石油が産出される
⑥

2 次の［　］にあてはまる語句を，下の［　］の中から選びましょう。

(1) 東南アジアでは年２回稲を栽培する［　　　　］が行われています。

(2) マレーシアやインドネシアなどでは，［　　　　］という大農園で天然ゴムなどが輸出用に栽培されています。

(3) 東南アジアの多くの国々は［　　　　］に加盟しています。

(4) 西アジアの石油の産出量が多い国々は［　　　　］に加盟しています。

OPEC　　二期作　　ASEAN　　プランテーション

□ 二期作　□ プランテーション　□ ASEAN　□ OPEC

ステージ 13

ヨーロッパ州①

ヨーロッパをおさえよう！

ヨーロッパには地域ごとの共通性があるようだ。農業や文化の特色を調査しなさい。

今ココ！

1 ヨーロッパ州

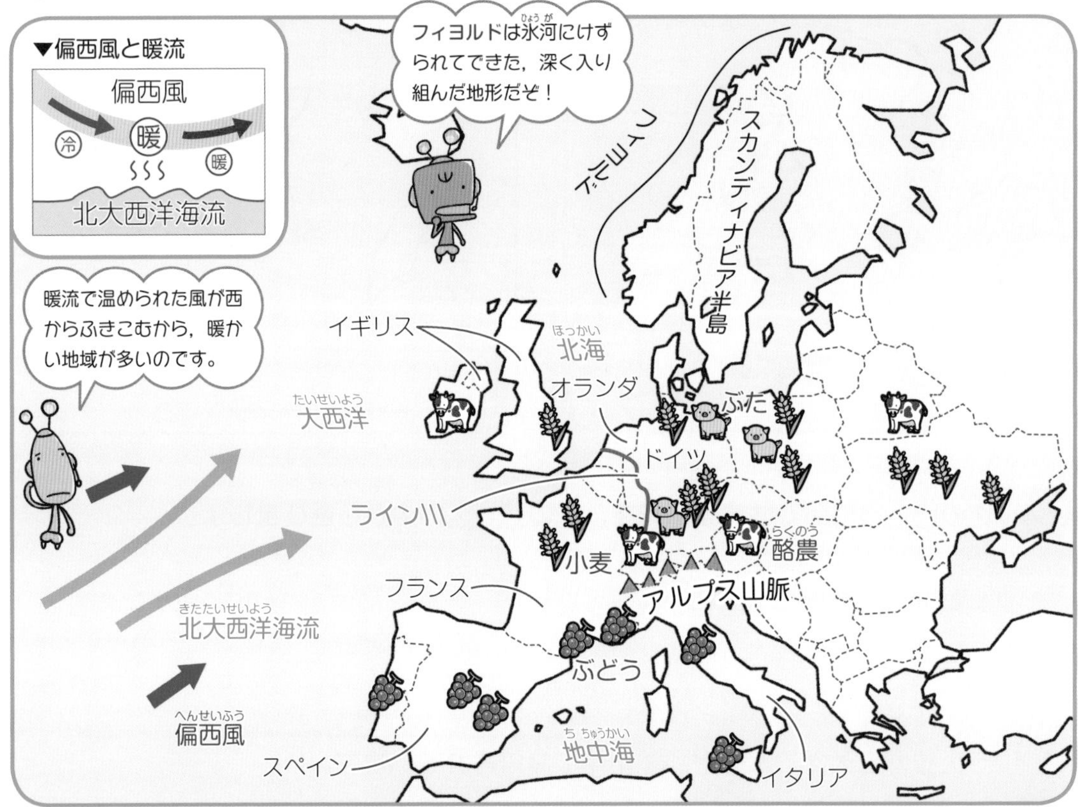

▼偏西風と暖流
偏西風
冷
暖
暖
北大西洋海流
フィヨルドは氷河にけずられてできた，深く入り組んだ地形だぞ！
フィヨルド
スカンディナビア半島
暖流で温められた風が西からふきこむから，暖かい地域が多いのです。
イギリス
北海
オランダ
ぶた
大西洋
ドイツ
ライン川
小麦
酪農
フランス
アルプス山脈
北大西洋海流
ぶどう
偏西風
地中海
スペイン
イタリア

調査報告

●ヨーロッパの農業

家畜と穀物栽培を組み合わせた**混合農業**や，**酪農**，**地中海式農業**が行われています。

地中海式農業は，夏にオリーブやぶどう，冬に小麦などを栽培するのよ～。

●ヨーロッパの宗教と言語

宗教と言語は，広がり方が似ているのじゃ。

キリスト教がおもに信仰されています。**プロテスタント**，**カトリック**，**正教会**に分かれています。

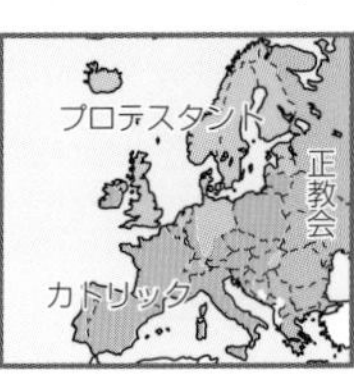

プロテスタント
正教会
カトリック

おもな言語は，**ゲルマン系**言語，**ラテン系**言語，**スラブ系**言語の３つに，分けられます。

ゲルマン系
スラブ系
ラテン系

解いてみよう！

解答 p.5

1 ヨーロッパについて，地図中の□に入る語句を書きましょう。

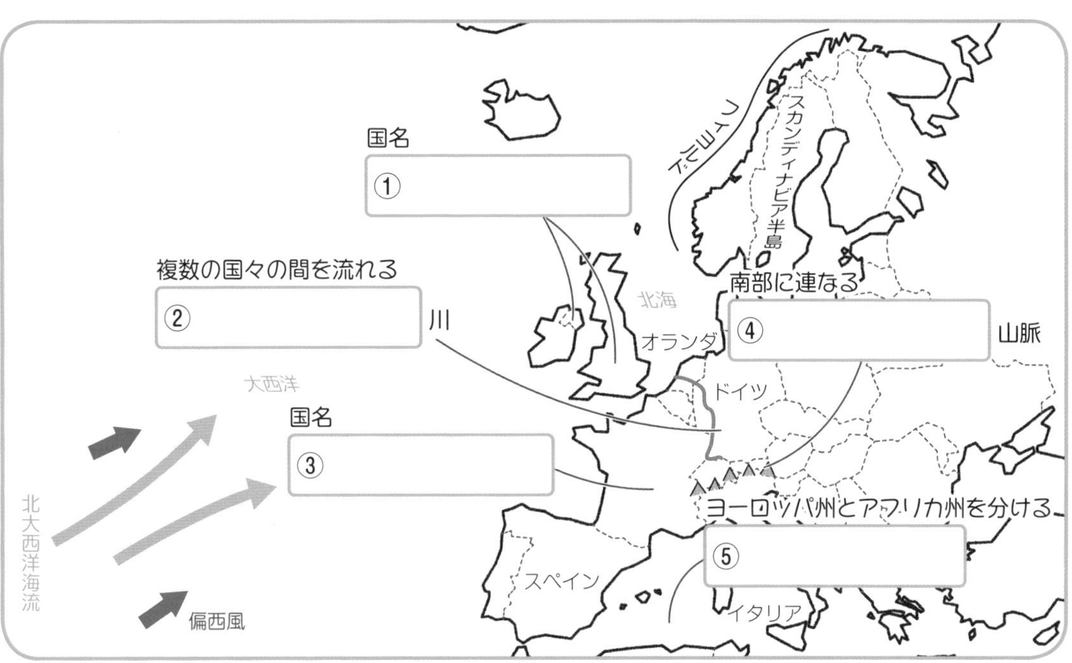
国名
①
複数の国々の間を流れる
②
川
国名
③
南部に連なる
④
山脈
ヨーロッパ州とアフリカ州を分ける
⑤
フィヨルド
スカンディナビア半島
北海
オランダ
ドイツ
大西洋
北大西洋海流
偏西風
スペイン
イタリア

2 次の□にあてはまる語句を，下の□の中から選びましょう。

(1) ヨーロッパは，暖流の□と西からふく□の影響(えいきょう)で，緯度(いど)が高いわりに温暖な地域が多いです。

(2) 夏にオリーブやぶどう，冬に小麦をつくる農業を□といいます。

(3) 家畜の飼育と，穀物栽培を組み合わせた農業を□といいます。

(4) ヨーロッパではおもに□教が信仰されています。

キリスト　北大西洋海流　地中海式農業　偏西風　混合農業

☐ 偏西風　☐ フィヨルド　☐ 地中海式農業　☐ 混合農業

11
12
13
14
15

ステージ 14

ヨーロッパ州②

EUの特色をおさえよう!

ヨーロッパの統合が進められてきたようだ。統合によるくらしの変化や課題を調査しなさい。

今ココ!

1 ヨーロッパ連合(EU)

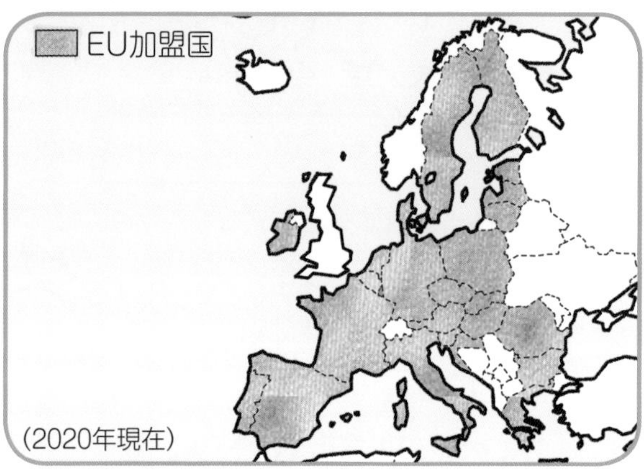

EU加盟国
(2020年現在)

調査報告

●ヨーロッパ連合(EU)

ヨーロッパの国々は経済や政治面で協力するために，1967年にヨーロッパ共同体(EC)をつくりました。1993年には**ヨーロッパ連合(EU)**に発展しました。

ヨーロッパ連合全体の輸出額は，アメリカ合衆国より多いぞ！
また，イギリスが2020年にEUを脱退したぞ。

2 強まる結びつき

€

●くらしの変化

EUの多くの国で**国境を自由に移動**できるようになり，貿易にかかる税金(**関税**(かんぜい))もなくなりました。

共通の通貨**ユーロ**を導入した国の間では，両替(りょうがえ)の必要がなくなりました。

ものや人の行き来が簡単になったね。旅行や買い物も便利よ～。

3 EU加盟国の経済

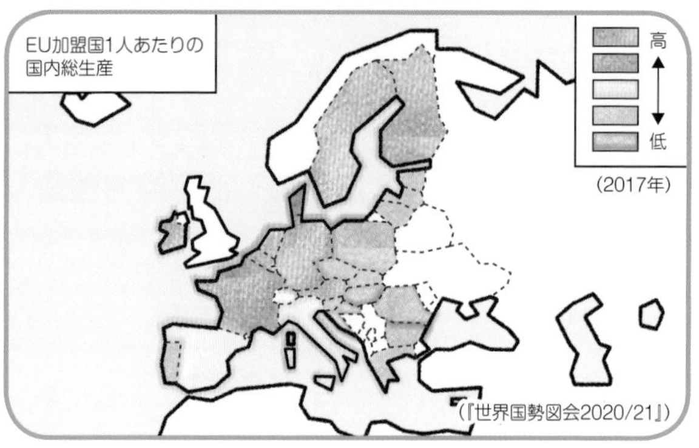

EU加盟国1人あたりの国内総生産
高
低
(2017年)

(『世界国勢図会2020/21』)

●EUの課題

工業化の進んだ西ヨーロッパと，進んでいない東ヨーロッパとの間で，**経済格差**が問題になっています。

東ヨーロッパの国には新しくEUに加盟した国が多いのです。

解いてみよう！

解答 p.5

1 次の［　］にあてはまる語句を，下の［　］の中から選びましょう。

(1)　ヨーロッパの国々は，経済や政治で協力するためにヨーロッパ共同体をつくりました。この組織の略称(りゃくしょう)を［　　　］といいます。

(2)　1993年にはヨーロッパ共同体を発展させて，ヨーロッパ連合がつくられました。この組織の略称を［　　　］といいます。

(3)　ヨーロッパ連合の加盟国の間では，貿易にかかる［　　　］がありません。

(4)　工業化の進んでいる西ヨーロッパと，進んでいない東ヨーロッパとの間で［　　　］が問題になっています。

EU　　経済格差　　EC　　関税

2 次の問いに答えましょう。

(1)　右の写真は，ヨーロッパ連合の共通通貨です。この通貨の名前を何といいますか。［　　　］

(2)　右の図は，ヨーロッパ連合の加盟国の経済のようすを表しています。図を説明した次の文から，あてはまるものを１つ選んで，記号を書きましょう。［　　　］

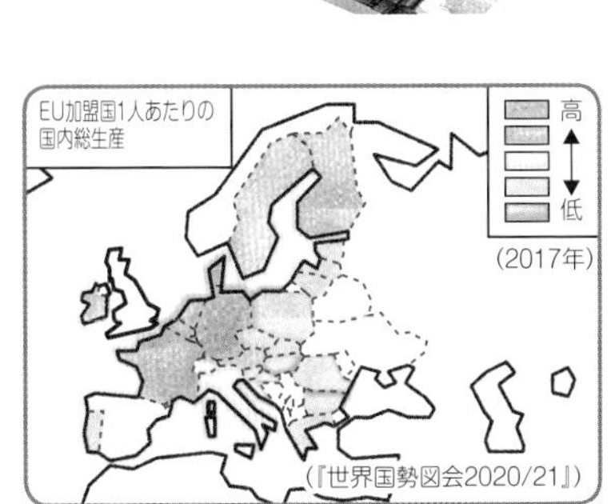
EU加盟国1人あたりの国内総生産
高
低
(2017年)
(『世界国勢図会2020/21』)

ア　東ヨーロッパの国々は経済が発展している。
イ　ヨーロッパの国々は平等に発展している。
ウ　西ヨーロッパの国々は経済が発展している。

コレだけ！

- □ ヨーロッパ連合（EU）
- □ ユーロ
- □ 経済格差

ステージ 15

アフリカ州

アフリカをおさえよう!

アフリカは資源が豊富なようだ。自然環境(かんきょう)や産業，歴史について調査しなさい。

今ココ!

1 アフリカ州

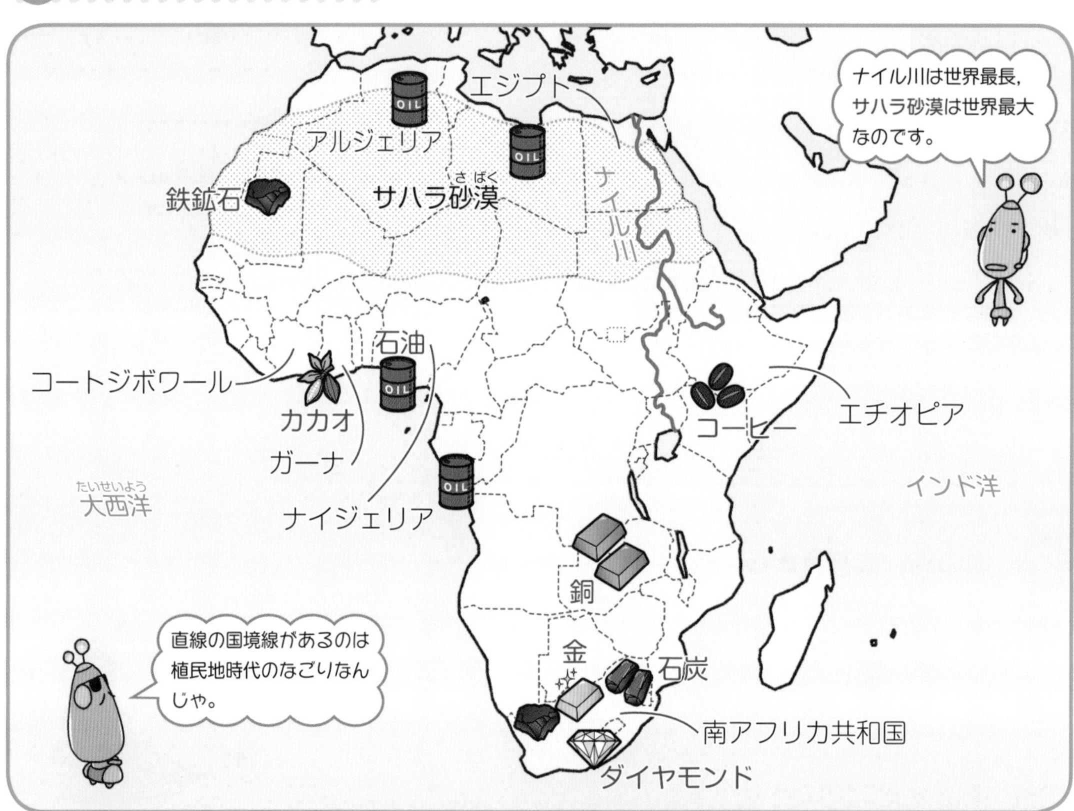

ナイル川は世界最長，サハラ砂漠は世界最大なのです。
エジプト
アルジェリア
鉄鉱石
サハラ砂漠(さばく)
ナイル川
石油
コートジボワール
カカオ
ガーナ
ナイジェリア
コーヒー
エチオピア
大西洋(たいせいよう)
インド洋
銅
金
石炭
南アフリカ共和国
ダイヤモンド
直線の国境線があるのは植民地時代のなごりなんじゃ。

調査報告

●アフリカの歴史

16世紀以降，**奴隷**(どれい)として多くの人が連れ去られ，ヨーロッパの国々の**植民地**となりました。

第二次世界大戦後に多くの国が独立して，2002年にはアフリカ連合(AU)をつくったぞ。

●アフリカの産業

輸出向けの農産物が**プランテーション**(大農園)で栽培(さいばい)されています。鉱産資源が豊富で，コバルトなどの**レアメタル**や金・銅などを輸出しています。

●アフリカの課題

特定の農産物や鉱産資源の輸出にたよる，**モノカルチャー経済**の国が多くあります。

工業化を進める国もあるけど，経済的に不安定な国が多いのよ〜。

月　日

解いてみよう！

解答 p.6

1 アフリカの国や自然について，地図中の［　］に入る語句を書きましょう。

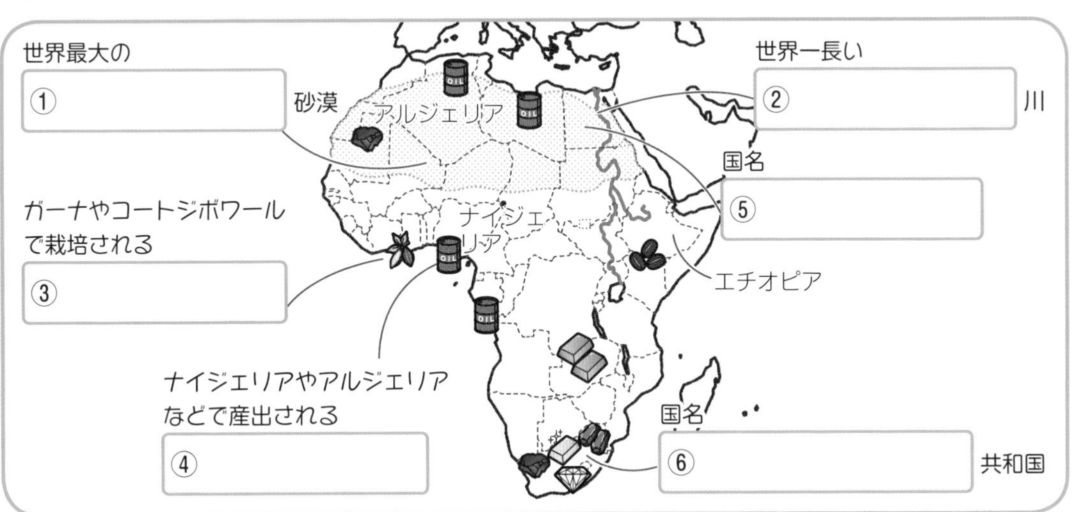
世界最大の
①
砂漠
アルジェリア
世界一長い
②
川
国名
⑤
ガーナやコートジボワールで栽培される
③
ナイジェリア
エチオピア
ナイジェリアやアルジェリアなどで産出される
④
国名
⑥
共和国

2 次の［　］にあてはまる語句を，下の［　］の中から選びましょう。

(1) かつてヨーロッパの国々は，アフリカのほぼ全域を［　　　］にしました。

(2) アフリカではコバルトなどの［　　　］が産出されます。

(3) 特定の農産物や資源の輸出にたよる経済を［　　　］経済といいます。

(4) アフリカでは，輸出向けの農産物が［　　　］で栽培されています。

モノカルチャー　　植民地　　レアメタル　　プランテーション

コレだけ！

□ プランテーション　□ レアメタル　□ モノカルチャー経済

11

12

13

14

15

3章 世界の諸地域①

確認テスト

解答 p.6

/100点

1 次の問いに答えましょう。（5点×10）

ステージ 11 12

(1) 世界で最も人口の多い中国と，２番目に多いインドを，地図中のA～Dから１つずつ選んで，記号を書きましょう。

中国

インド

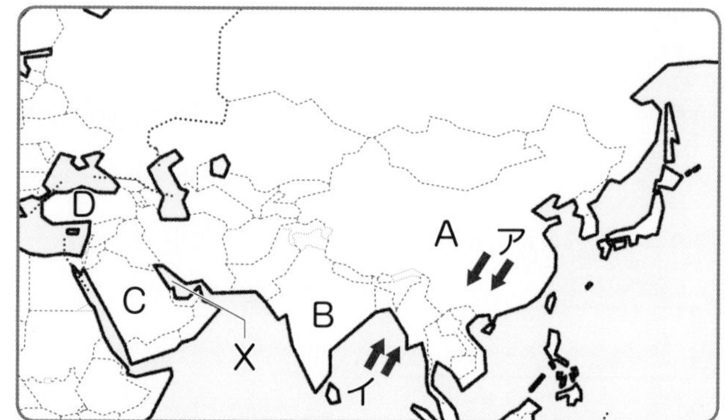

D
C
X
B
A
ア
イ

(2) 中国の人口の約９割をしめる民族を何といいますか。

(3) 夏の季節風の向きを，地図中の**ア**・**イ**から１つ選んで，記号を書きましょう。

(4) 次の文は，中国とインドについて説明したものです。インドにあてはまるものを２つ選んで，記号を書きましょう。

ア 人口の約８割が，ヒンドゥー教を信仰（しんこう）している。
イ 沿岸部に経済特区（けいざいとっく）を設け，外国企業（きぎょう）を受け入れている。
ウ 人口の増加をおさえるため，一人っ子政策を行ってきた。
エ ヒマラヤ山脈の南側に位置する。

(5) 東南アジアなどに見られる，おもに輸出用に作物を栽培（さいばい）する，大規模な農園を何といいますか。

(6) 次の文の①～③にあてはまる語句を，あとから１つずつ選んで，記号を書きましょう。

地図中のXの（ ① ）沿岸では，（ ② ）が多く産出されます。産出量の多いCなどの国は，（ ③ ）に加盟しています。

① ② ③

ア 長江（ちょうこう）　**イ** ペルシャ湾（わん）　**ウ** 天然ゴム
エ 石油　**オ** OPEC（オペック）　**カ** ASEAN（アセアン）

2 次の問いに答えましょう。（5点×5）

ステージ 13 14

(1) Xの風を何といいますか。

(2) Yの山脈を何といいますか。

(3) 次の農業を何といいますか。

① 家畜(かちく)の飼育と，穀物(こくもつ)栽培を行う。

② 夏にオリーブやぶどう，冬に小麦を栽培する。

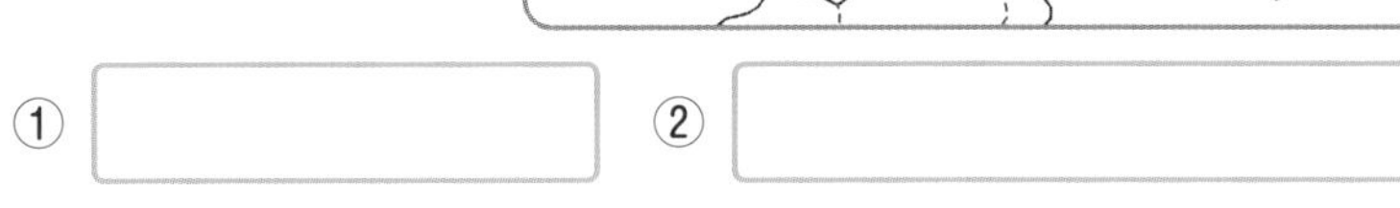

① ②

(4) ＥＵの説明として**あやまっているもの**を，次から１つ選んで，記号を書きましょう。

ア 組織の名前は，ヨーロッパ連合である。

イ 多くの国で，ユーロという通貨を使用している。

ウ 加盟国間では，貿易に関税がかかる。

3 次の問いに答えましょう。（5点×5）

ステージ 15

(1) 地図中のXの川とYの砂漠(さばく)を何といいますか。

X

Y 

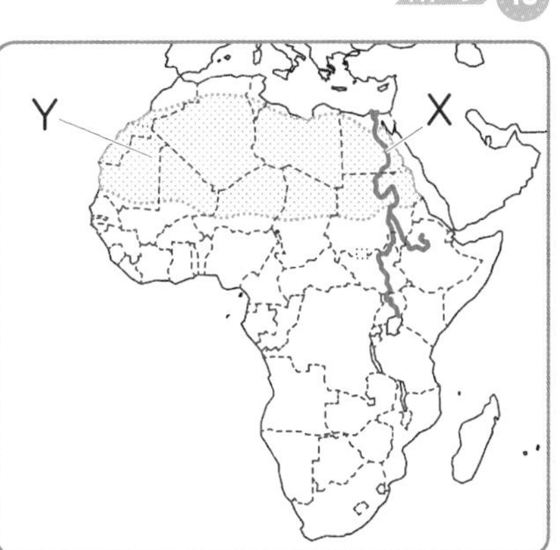

Y
X

(2) アフリカ州で直線の国境線が多く見られる理由を，次から１つ選んで，記号を書きましょう。

ア 植民地時代のなごり

イ 民族の分布によるもの

ウ 言語のちがいによるもの

(3) 次の文の①，②にあてはまる語句を書きましょう。

アフリカ州ではコバルトなど希少(きしょう)な金属である（　①　）が多く産出されます。しかし，特定の農産物や資源の輸出にたよる（　②　）経済は，国の経済を不安定にさせます。

① ②

調査報告 プラス

●ヨーロッパではこんな航空機のつくり方をしているよ

EUを始めとするヨーロッパには，航空機の生産で４か国が共同して経営するエアバス社があります。各国の工場で分担して製造した，さまざまな航空機の部品が，フランスに集められて組み立てられます。

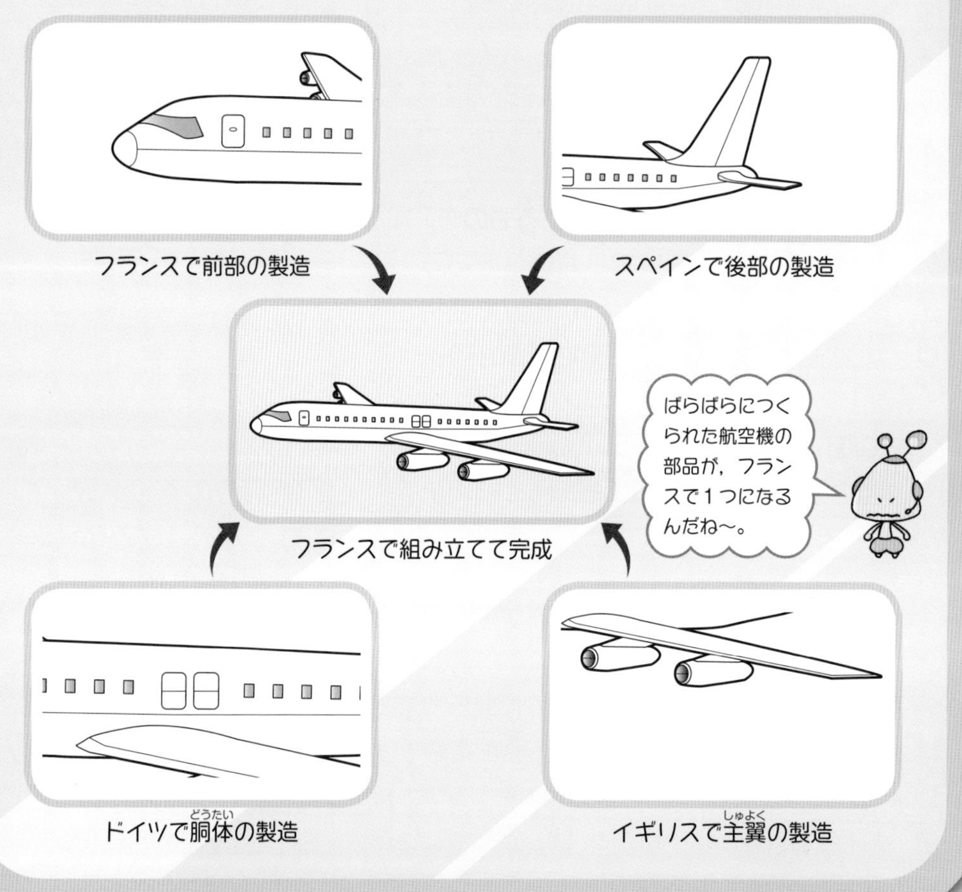
フランスで前部の製造
スペインで後部の製造
フランスで組み立てて完成
ばらばらにつくられた航空機の部品が，フランスで１つになるんだね～。
ドイツで胴体（どうたい）の製造
イギリスで主翼（しゅよく）の製造

「世界の諸地域①」
調査完了！
次の地域へ進もう

4章

世界の諸地域②

次は，大西洋の西側の大陸を北から南へすすみ，太平洋側へ向かう。巨大な都市や，うっそうとした広い森林，もこもこした動物のいる乾燥した草原などが見えるぞ。

北アメリカ州，南アメリカ州，オセアニア州の国々を調査しよう。

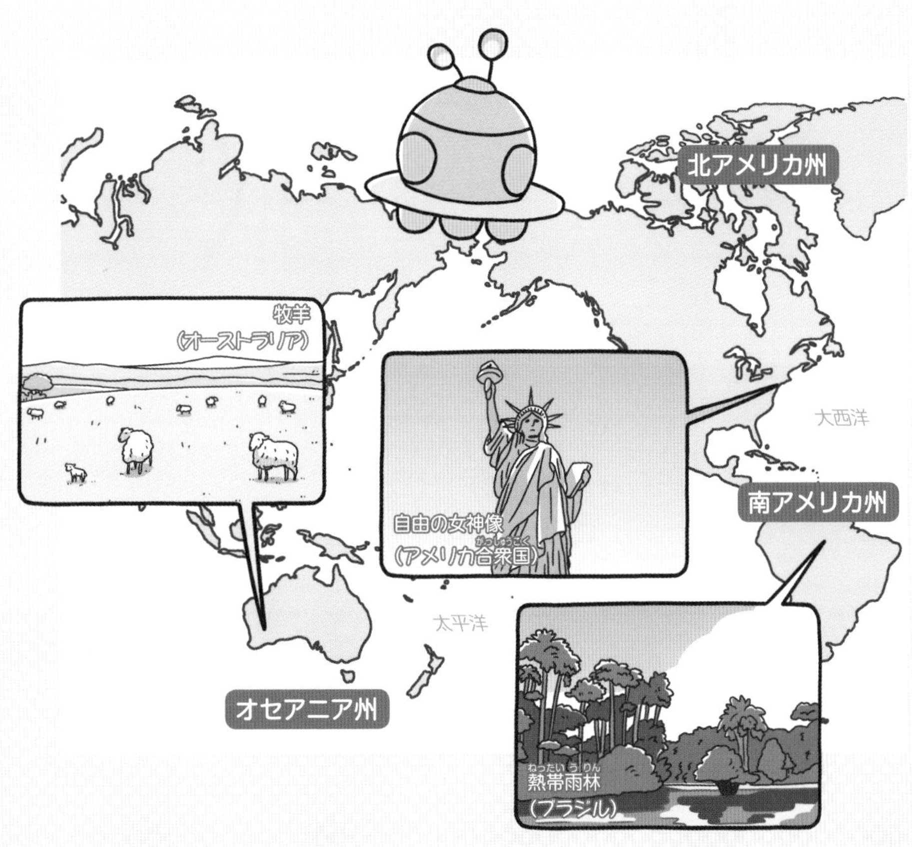
北アメリカ州
牧羊
(オーストラリア)
大西洋
南アメリカ州
自由の女神像
(アメリカ合衆国)
太平洋
オセアニア州
熱帯雨林
(ブラジル)

ステージ 16

北アメリカ州①

北アメリカの自然と農業をおさえよう！

北アメリカには，アメリカ合衆国という大きな国があるようだ。自然や農業の特色を調査しなさい。

今ココ！

1 北アメリカの自然と農業

カナダ
ロッキー山脈
小麦
五大湖
酪農
とうもろこし
小麦
大豆
アメリカ合衆国
太平洋
大西洋
綿花
メキシコ
ミシシッピ川
メキシコ湾
広い農地を，大型機械を使って少ない人数で経営しているよ〜。

▼中央部には広大な平原

グレートプレーンズ
プレーリー
中央平原

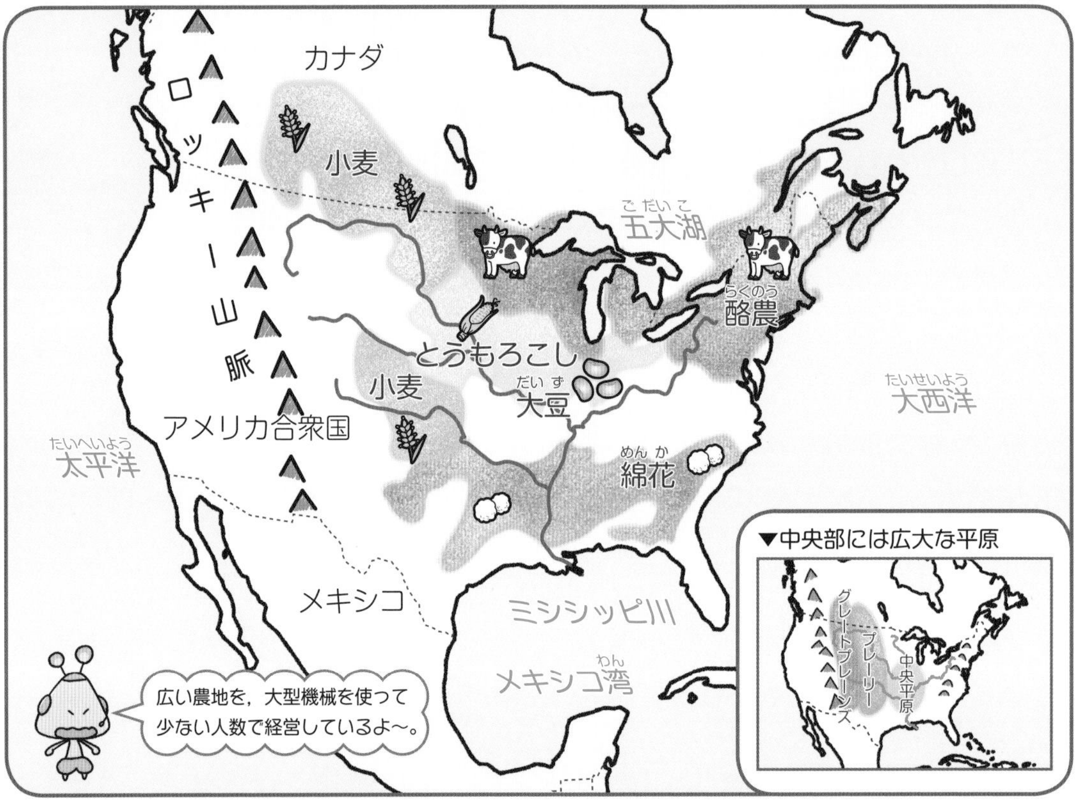

調査報告

●北アメリカの自然

西部に**ロッキー山脈**，中央部に**ミシシッピ川**，北東部に**五大湖**があります。

北が寒くて，南にいくほど温暖な気候だ。台風に似たハリケーンがメキシコ湾から北上して被害を受けることも…。

●農業大国アメリカ

内陸部は**小麦**や**とうもろこし・大豆**などを栽培する穀倉地帯が広がっています。

すずしい北部では**酪農**，温暖な南部では**綿花**の栽培が行われています。

地域ごとの自然環境に合わせて農産物を生産することを，**適地適作**といいます。

規模が大きくて機械化された，企業的な農業も特色です。

月　日

解いてみよう！

解答 p.6

1 北アメリカの自然と農業について，地図中の□に入る語句を書きましょう。

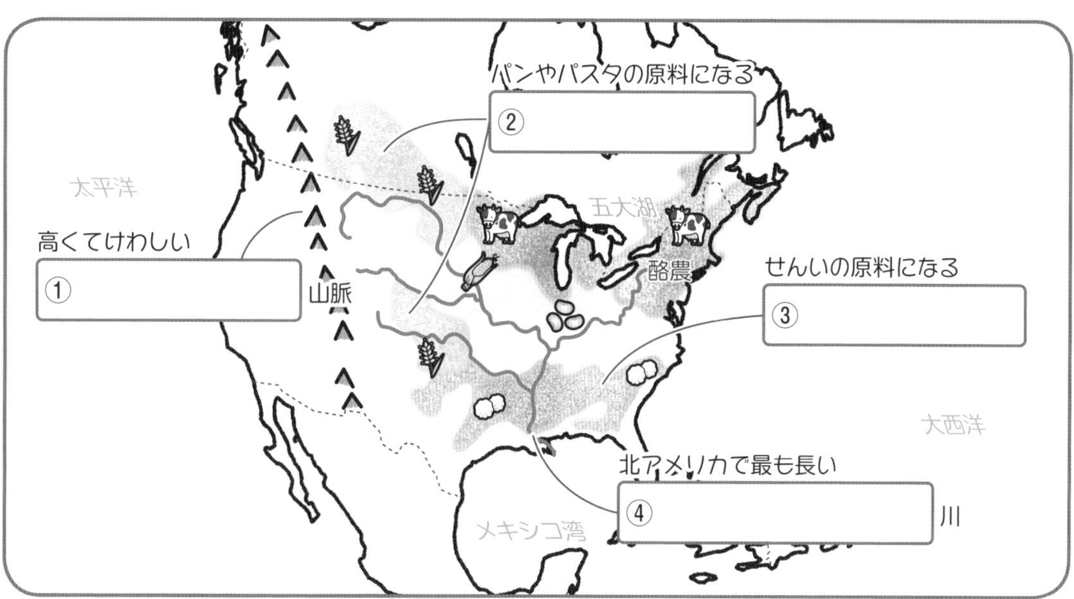
パンやパスタの原料になる
②
太平洋
五大湖
高くてけわしい
①
山脈
酪農
せんいの原料になる
③
大西洋
北アメリカで最も長い
④
川
メキシコ湾

2 次の□にあてはまる語句を，下の[ ]の中から選びましょう。

(1) 北アメリカは，西岸が［　　　］，東岸が［　　　］に面しています。

(2) 五大湖周辺では，乳牛(にゅうぎゅう)を飼育してバターやチーズなどをつくる［　　　］が行われています。

(3) 地域ごとの自然環境に合わせて農産物を生産することを［　　　］といいます。

(4) アメリカ合衆国では規模が大きくて機械化された，［　　　］な農業がおもに行われています。

企業的　　太平洋　　酪農　　大西洋　　適地適作

コレだけ！

☐ ロッキー山脈　☐ ミシシッピ川　☐ 適地適作

ステージ 17

北アメリカ州②

北アメリカの工業をおさえよう!

工業の中心はアメリカ合衆国(がっしゅうこく)のようだ。資源の分布と工業がさかんな地域に注目して調査しなさい。

今ココ!

1 北アメリカの工業

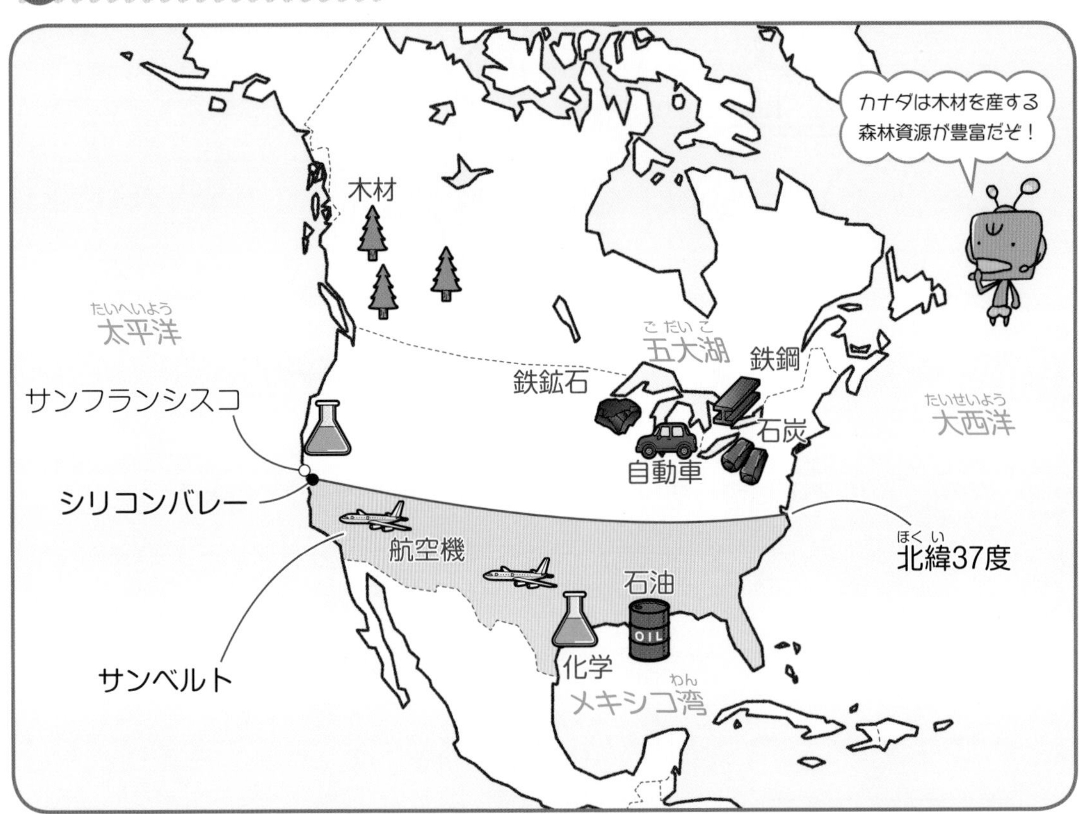

カナダは木材を産する森林資源が豊富だぞ!
木材
太平洋
五大湖
鉄鋼
鉄鉱石
サンフランシスコ
大西洋
石炭
自動車
シリコンバレー
航空機
北緯37度
石油
OIL
化学
サンベルト
メキシコ湾

調査報告

●五大湖周辺

石炭や鉄鉱石などの豊富な鉱産資源を利用して，鉄鋼業や自動車工業が発展しました。

でも，日本などからの輸入品におされて，重工業は元気がなくなっちゃったのよ～。

●北部から南部へ

南部を中心に新しく**先端技術産業**(せんたん)が発展しました。北緯37度以南のこの地域を，**サンベルト**といいます。

温暖な地域なので，「サン(太陽)」「ベルト(地帯)」とよぶのです。

●先端技術産業

サンフランシスコ郊外(こうがい)の**シリコンバレー**は，コンピューター産業などの世界的な中心地になっています。

月　日

解いてみよう！

解答 p.6

1 北アメリカの工業について，地図中の［　］に入る語句や数字を書きましょう。

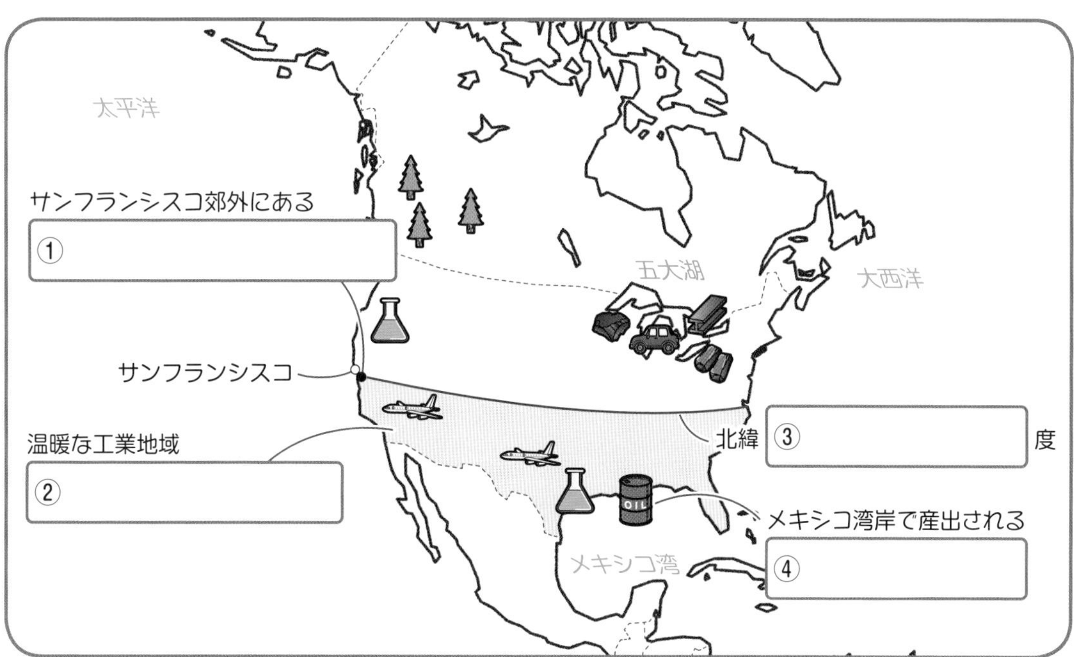
太平洋
サンフランシスコ郊外にある
①
五大湖
大西洋
サンフランシスコ
北緯 ③ 度
温暖な工業地域
②
OIL
メキシコ湾岸で産出される
④
メキシコ湾

2 次の［　］にあてはまる語句を，下の［　］の中から選びましょう。

(1) カナダでは［　　　　］を産する森林資源が豊富です。

(2) 五大湖周辺では［　　　　］業や［　　　　］工業が発展しました。

(3) サンベルトでは，コンピューター産業や航空宇宙産業などの［　　　　］がさかんです。

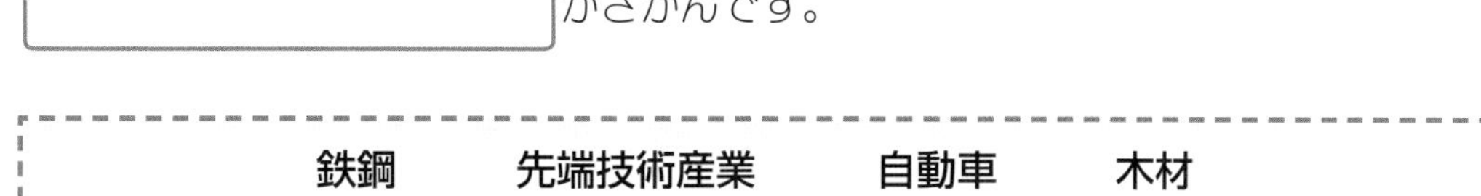

鉄鋼　　先端技術産業　　自動車　　木材

コレだけ！

☐ 先端技術産業　☐ サンベルト　☐ シリコンバレー

16

17

18

19

20

ステージ 18

北アメリカ州③

北アメリカのくらしをおさえよう！

北アメリカはさまざまな民族がくらす地域のようだ。移民の歴史と人々のくらしを調査しなさい。

今ココ！

1 移民の歴史

フランス
イギリス
スペイン
カナダとアメリカはイギリスやフランス，メキシコはスペインの植民地でした。
先住民（ネイティブアメリカン）
アフリカからの奴隷

調査報告

●移民と先住民

16世紀以降，ヨーロッパの国々が北アメリカに**植民地**をつくり，多くの**移民**がやってきました。

移民によって先住民は追い出されてしまったんだぞ。

2 アメリカ合衆国の移民

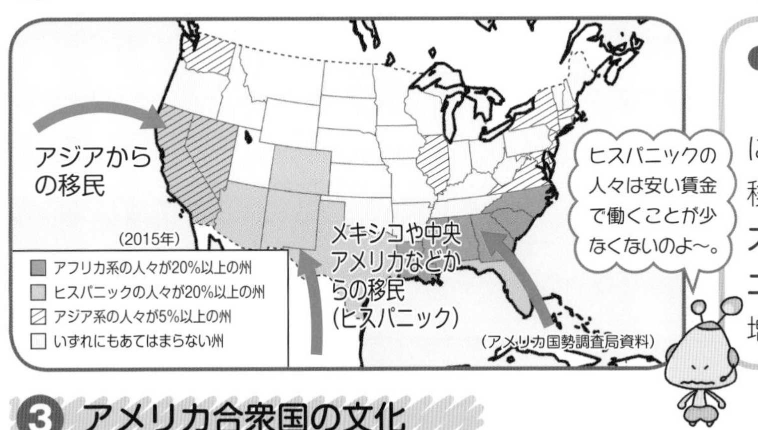

アジアからの移民
メキシコや中央アメリカなどからの移民（ヒスパニック）
(2015年)
アフリカ系の人々が20%以上の州
ヒスパニックの人々が20%以上の州
アジア系の人々が5%以上の州
いずれにもあてはまらない州
（アメリカ国勢調査局資料）
ヒスパニックの人々は安い賃金で働くことが少なくないのよ～。

●移民の集まる国

とくにアメリカ合衆国には，さまざまな民族が移り住みました。近年は**スペイン語**を話す**ヒスパニック**とよばれる移民が増えています。

3 アメリカ合衆国の文化

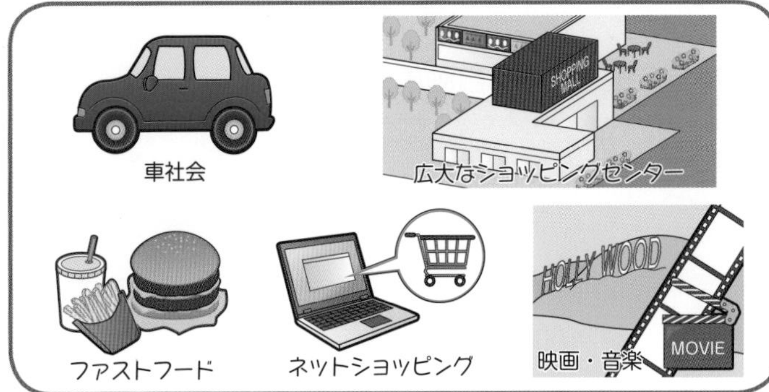

車社会
SHOPPING MALL
広大なショッピングセンター
ファストフード
ネットショッピング
HOLLYWOOD
MOVIE
映画・音楽

●世界中に広がる文化

アメリカ合衆国で発展した**大量生産・大量消費**の生活や文化は，世界中に広がりました。

このような生活を見直す動きがある。限りある資源を大切にするためじゃな。

月　日

解いてみよう！

解答 p.7

1 次の［　］にあてはまる語句を，下の［　］の中から選びましょう。

(1) 16世紀以降，ヨーロッパの国々は北アメリカに［　　］をつくりました。

(2) かつて北アメリカでは，労働力不足を補うために，多くの［　　］がアフリカから連れてこられました。

(3) 近年，アメリカでは［　　］とよばれる移民が増えています。

(4) アメリカ合衆国で発達した［　　］・［　　］の生活は，世界中に広がりました。

植民地　　大量生産　　奴隷　　ヒスパニック　　大量消費

2 次の問いに答えましょう。

(1) メキシコなどからアメリカに移住してきたヒスパニックがおもに話す言語を，次から１つ選んで，記号を書きましょう。［　　］
ア　フランス語　　**イ**　スペイン語　　**ウ**　ポルトガル語

(2) ヨーロッパに植民地にされる前に，北アメリカにもともと住んでいた人々を何といいますか。［　　］

(3) ヨーロッパなどからアメリカに移り住んできた人々を何といいますか。［　　］

コレだけ！

☐ 先住民　　☐ ヒスパニック　　☐ 大量生産・大量消費

16

17

18

19

20

ステージ 19

南アメリカ州

南アメリカをおさえよう！

南アメリカは日本から見て地球の反対側にある地域だ。自然環境と開発に注目して調査しなさい。

今ココ！

1 南アメリカ州

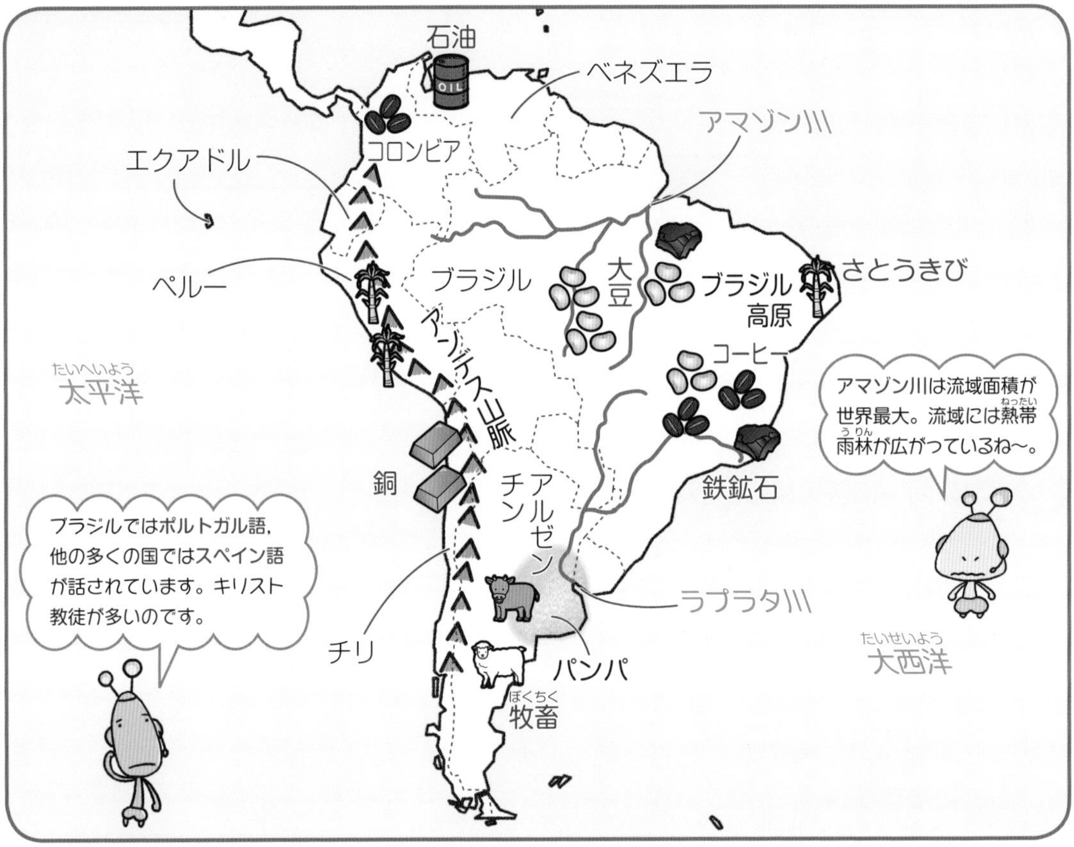

石油
ベネズエラ
アマゾン川
コロンビア
エクアドル
ペルー
ブラジル
大豆
ブラジル高原
さとうきび
アンデス山脈
コーヒー
太平洋
鉄鉱石
銅
アルゼンチン
ラプラタ川
チリ
パンパ
牧畜
大西洋

アマゾン川は流域面積が世界最大。流域には熱帯雨林が広がっているね～。

ブラジルではポルトガル語，他の多くの国ではスペイン語が話されています。キリスト教徒が多いのです。

調査報告

●南アメリカの歴史

先住民の帝国がさかえていましたが，ヨーロッパ人にほろぼされ**植民地**となりました。

労働者としてアフリカから連れてこられた人々は，奴隷にされたんだ。

●南アメリカの産業

農業がさかんで**焼畑農業**や**プランテーション農業**，牧畜が行われています。

鉱産資源が豊富で海外へ輸出されています。

●開発と環境

熱帯雨林の大規模な開発など，環境問題が発生しています。

さとうきびを原料とするバイオ燃料の使用など，「持続可能な開発」の考えが重要じゃな。

解いてみよう！

解答 p.7

1 南アメリカについて，地図中の□に入る語句を書きましょう。

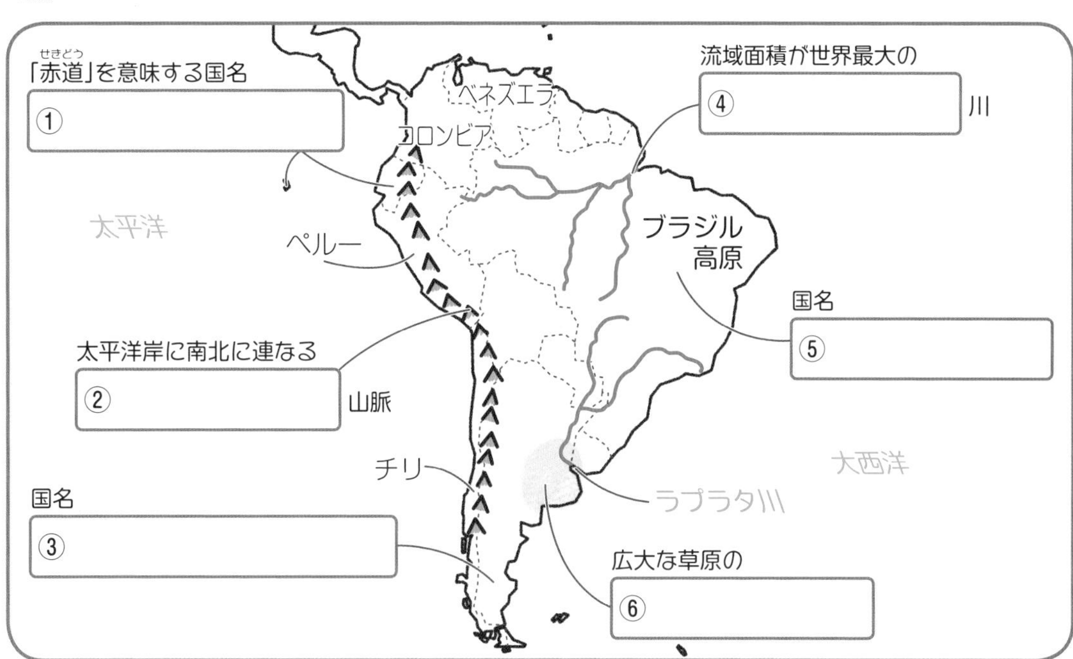

「赤道」を意味する国名
①
ベネズエラ
コロンビア
流域面積が世界最大の
④
川
太平洋
ペルー
ブラジル
高原
国名
⑤
太平洋岸に南北に連なる
②
山脈
大西洋
チリ
ラプラタ川
国名
③
広大な草原の
⑥

2 次の□にあてはまる語句を，下の┆┆の中から選びましょう。

(1)　南アメリカでは先住民の帝国がさかえていましたが，ほろぼされてヨーロッパ諸国の□となりました。

(2)　南アメリカでは，かわいた木を燃やし，灰を肥料にする□がさかんです。

(3)　南アメリカでは，さとうきびやとうもろこしを原料とする□の生産がさかんです。

バイオ燃料	焼畑農業	植民地

コレだけ！

□ アンデス山脈　□ 焼畑農業　□ 熱帯雨林　□ バイオ燃料

ステージ 20

オセアニア州

オセアニアをおさえよう!

オセアニアはオーストラリア大陸と太平洋の島々からなっている。オーストラリアを中心に調査しなさい。

今ココ!

1 オセアニア州

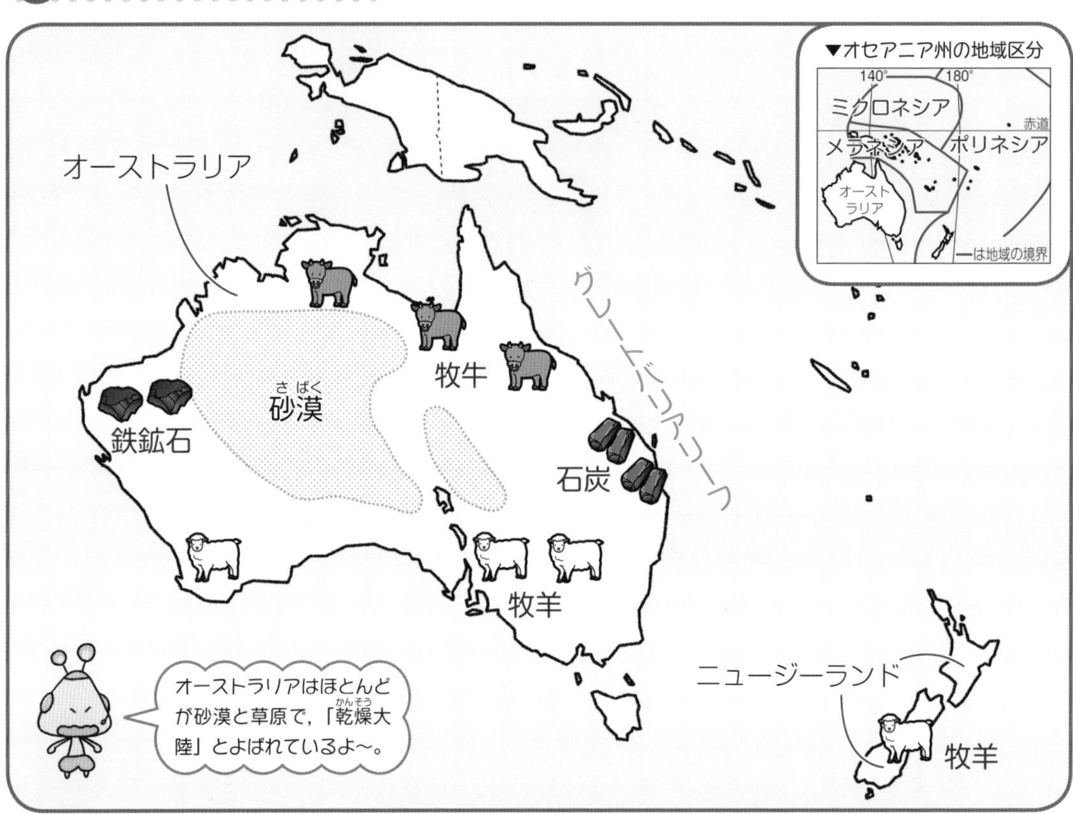

オーストラリア
牧牛
砂漠
鉄鉱石
石炭
グレートバリアリーフ
牧羊
ニュージーランド
牧羊
▼オセアニア州の地域区分
140°
180°
ミクロネシア
赤道
メラネシア
ポリネシア
オーストラリア
―は地域の境界
オーストラリアはほとんどが砂漠と草原で,「乾燥大陸」とよばれているよ〜。

調査報告

●オセアニアの自然

太平洋の島々は,火山の噴火でできた**火山島**や**さんご礁**の島です。

オーストラリアは大部分の地域が**砂漠**などの乾燥した大陸です。

●オーストラリアの歴史

イギリスの**植民地**でした。白人以外の移民を制限する**白豪主義**の政策を行っていました。

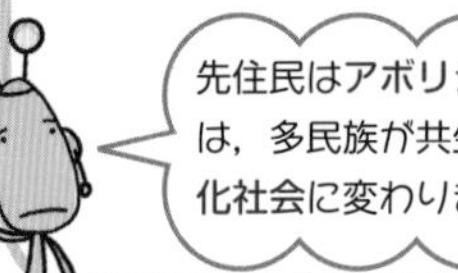

先住民はアボリジニ。現在は,多民族が共生する多文化社会に変わりました。

●オーストラリアの産業

羊・牛の飼育や鉱業がさかんです。豊富な**鉱産資源**は,アジアへ多く輸出されています。

鉱山では大規模な露天掘りが行われているぞ。

解いてみよう！

解答 p.7

1 オセアニアについて，地図中の□に入る語句を書きましょう。

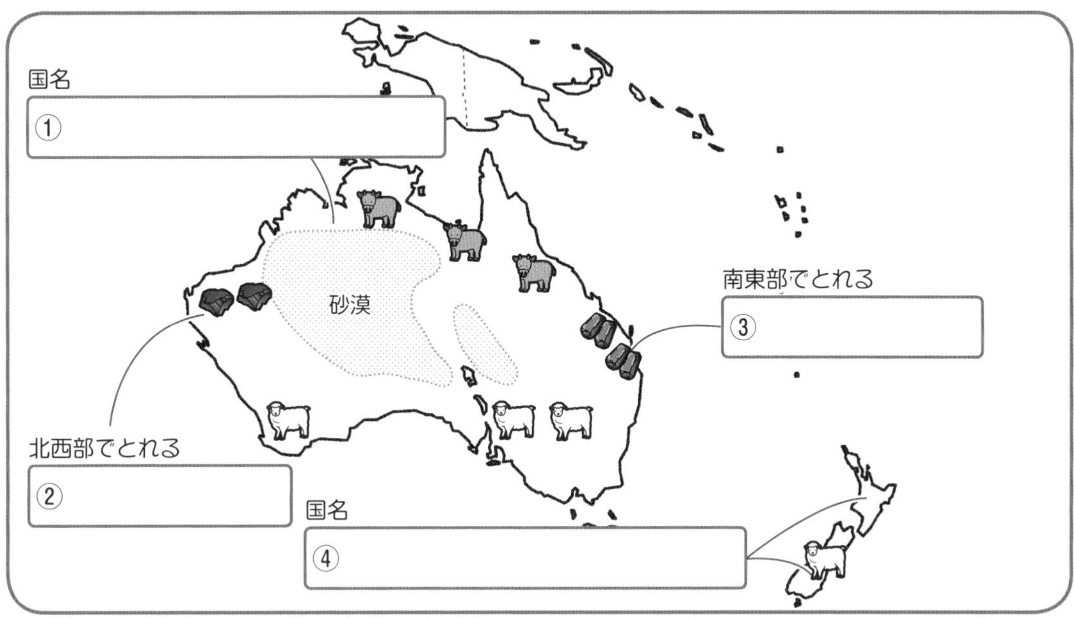

国名
①
砂漠
南東部でとれる
③
北西部でとれる
②
国名
④

2 次の□にあてはまる語句を，下の□の中から選びましょう。

(1) オーストラリアの先住民を［　　　　］といいます。

(2) オーストラリアではかつて，白人以外の移民を禁止する［　　　　］の政策がとられていました。

(3) ヨーロッパやアジアからの移民が増えたオーストラリアでは，おたがいの文化を尊重しあう［　　　　］になっています。

多文化社会　　アボリジニ　　白豪主義

□ さんご礁　□ アボリジニ　□ 多文化社会　□ 露天掘り

確認テスト

解答 p.7

/100点

1 次の問いに答えましょう。（6点×10）

ステージ 16 17 18

(1) 地図中のXの山脈と，Yの川を何といいますか。

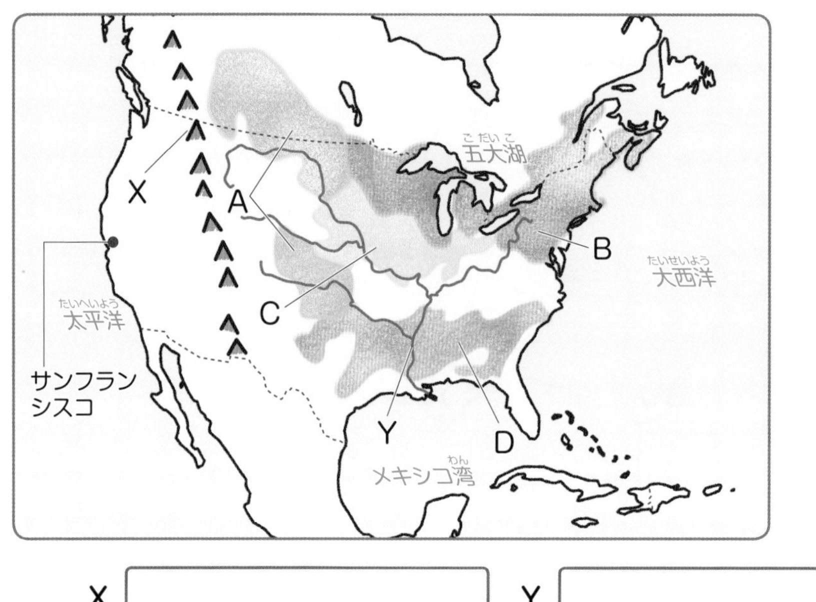

五大湖
X
A
B
大西洋
太平洋
C
サンフランシスコ
Y
D
メキシコ湾

X [　　　] Y [　　　]

(2) 地図中のA～Dでさかんな農業を，次から1つずつ選んで，記号を書きましょう。

A [　　] B [　　] C [　　] D [　　]

ア 綿花の栽培　イ 酪農　ウ とうもろこしの栽培　エ 小麦の栽培

(3) 次の文中の①～③にあてはまる語句を，あとから1つずつ選んで，記号を書きましょう。

地図中のサンフランシスコ郊外の（ ① ）では，コンピューター産業がさかんです。また，北緯37度以南の温暖な地域を（ ② ）といい，（ ③ ）が発展しています。

① [　　] ② [　　] ③ [　　]

ア サンベルト　イ グレートプレーンズ　ウ シリコンバレー
エ 自動車工業　オ 鉄鋼業　カ 先端技術産業

(4) 近年アメリカ合衆国に増加している，スペイン語を話す移民は何とよばれていますか。カタカナで書きましょう。

[　　　]

2 次の問いに答えましょう。（5点×4）

ステージ 19

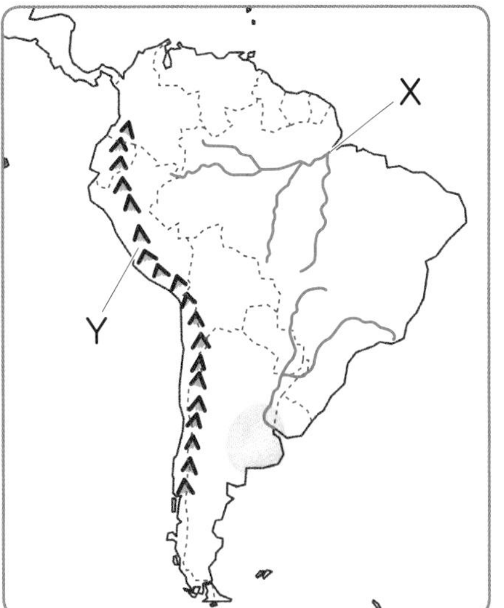
X
Y

⑴ 地図中のXの川と，Yの山脈を何といいますか。

X

Y

⑵ 南アメリカで生産されるバイオ燃料の原料として最も適しいものを，次から1つ選んで，記号を書きましょう。

ア 鉄鉱石　イ さとうきび
ウ 石油　エ 木材

⑶ 南アメリカでさかんな，木を燃やしてできた灰を肥料（ひりょう）にする農業を何といいますか。

3 次の問いに答えましょう。（5点×4）

ステージ 20

⑴ 次の文を読んで，あとの問いに答えましょう。

現在のaオーストラリアは，bさまざまな人種や民族がたがいの文化を認めあい共生する社会です。しかし，かつては，c白人以外の移民を制限する政策を行っていました。

① 下線部aのオーストラリアは，かつてある国の植民地でした。オーストラリアを植民地として支配していた国を，次から1つ選んで，記号を書きましょう。

ア フランス　イ アメリカ合衆国
ウ イギリス　エ スペイン

② 下線部b・cを何といいますか。解答らんにあわせて書きましょう。

b　　社会　c　　主義

⑵ 地図中のX・Yは，ある資源の分布を示しています。X・Yにあてはまる資源の組み合わせとして正しいものを，次から1つ選んで，記号を書きましょう。

X
Y
オーストラリア

ア X…石油　Y…石炭　イ X…石油　Y…鉄鉱石
ウ X…鉄鉱石　Y…石炭　エ X…鉄鉱石　Y…石油

調査報告 プラス

●なぜ南アメリカに日系人がいるの?!

19世紀末，ブラジルでは奴隷制度が廃止され，労働力が不足しだしました。そのころ，日本では人口増加により，仕事を探すことが難しくなっていました。そこで，農業労働者として，1908年に日本からブラジルへの移住が始まりました。

移民はプランテーションでコーヒー農園の労働者として働いたんだ。その後，土地を得て農場主になったり，都市へ出て飲食店を経営したりする人も多くなったんだぞ。

第二次世界大戦のあと，日本は経済状況が悪くなったため，移民たちは帰国できなくなったのじゃ。ブラジルなど南アメリカに永住することに決めた人たちや，その子孫のことを日系人というんじゃな。

南アメリカに住む日系人

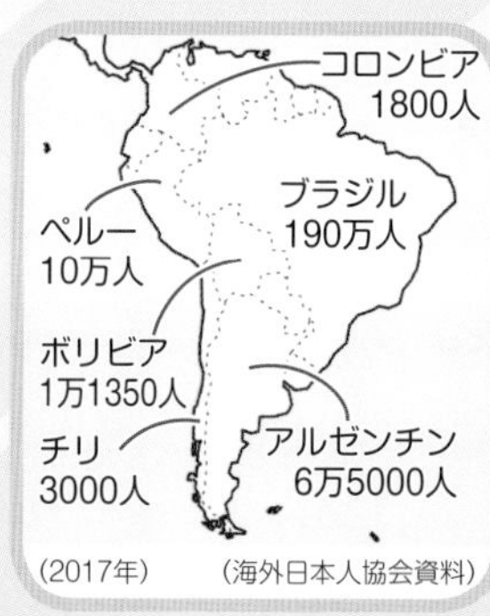
コロンビア
1800人
ブラジル
190万人
ペルー
10万人
ボリビア
1万1350人
チリ
3000人
アルゼンチン
6万5000人
(2017年)
(海外日本人協会資料)

「世界の諸地域②」
調査完了！

次へ
進もう

5章

日本のさまざまな地域①

日本は山がちな地形で，気候はいくつかに分かれるようだ。

日本の自然環境は，世界の国々とくらべてどのような特色があるのだろうか。災害や防災についても調べる必要がありそうだ。

日本の自然環境を調査しよう。

ステージ 21

身近な地域の調査

地形図を読み取ろう！

身近な地域を調査するときに，地形図というものを使うようだ。地形図とは何か調査しなさい。

1 地形図

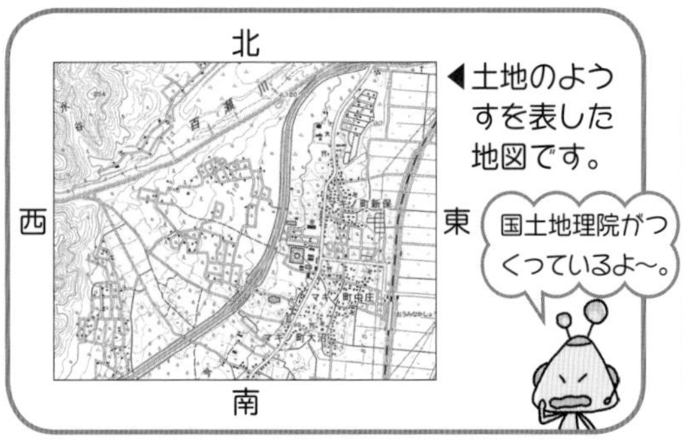
北
西
東
南
国土地理院がつくっているよ～。

◀土地のようすを表した地図です。

2 地図上の長さと実際の距離（きょり）

●2万5000分の1の地形図

0 250m
1km
1cm

◀地図上の1cmは実際は250m

●5万分の1の地形図

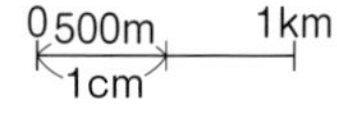
0 500m
1km
1cm

◀地図上の1cmは実際は500m

3 2万5000分の1の地形図

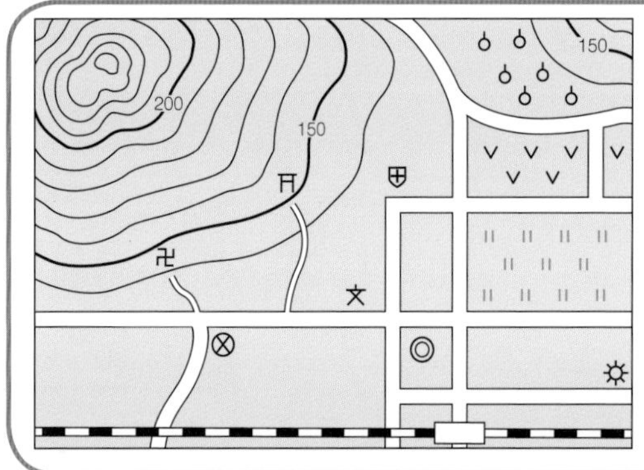
150
200
150

おもな地図記号

田	消防署	老人ホーム
畑	病院	博物館・美術館
果樹園	神社	図書館
市役所	寺院	風車
警察署	工場	自然災害伝承碑（ひ）
郵便局	小・中学校	鉄道(JR) 駅

等高線の種類	2万5000分の1の地形図	5万分の1の地形図	記号
計曲線(太い線)	50mおき	100mおき	――
主曲線(細い線)	10mおき	20mおき	――

調査報告

●地形図

地形図は**北を上**にしてつくられています。

実際の距離を地形図上で縮めた割合を**縮尺**（しゅくしゃく）といいます。

2万5000分の1や5万分の1の縮尺があるぞ。

●等高線と地図記号

同じ高さの地点を結んだ線を，**等高線**といいます。土地の起伏（きふく）を表します。

地図記号は建物や土地の利用，道路や鉄道を表します。

▼地図記号のもとになったもの

りんご
(果樹園)
本
(図書館)
歯車
(工場)

地図記号は，いろいろなものの形が由来（ゆらい）になっているのじゃ。

解いてみよう！

解答 p.8

1 次の□にあてはまる語句を書きましょう。

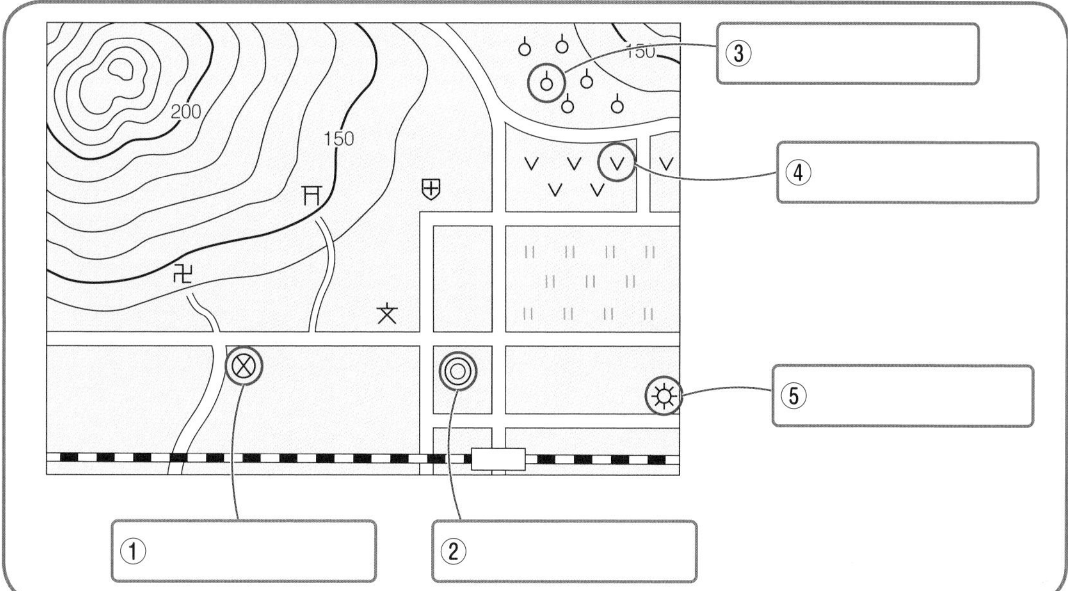
200
150
150
③
④
⑤
①
②

2 次の問いに答えましょう。

⑴ 実際の距離を地形図上で縮めた割合を何といいますか。

⑵ 地形図中で，同じ高さの地点を結んだ線を何といいますか。

⑶ 右の地形図を正しく説明しているものを，次から１つ選んで，記号を書きましょう。

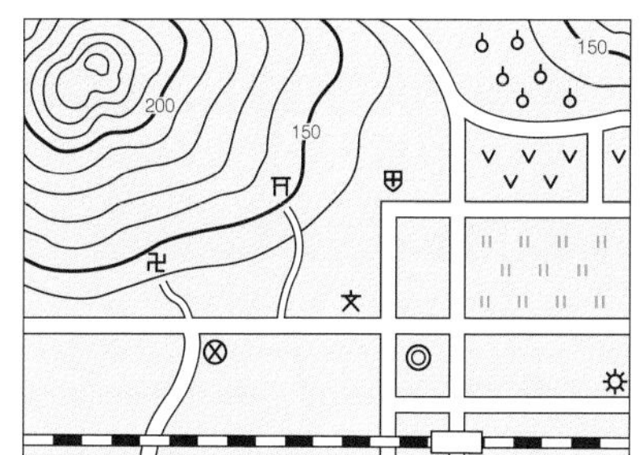
200
150
150

ア 山のふもとに果樹園があります。
イ 駅から北へまっすぐ進むと警察署があります。
ウ 東西にのびる道沿いに図書館があります。
エ 駅の西側に工場があります。

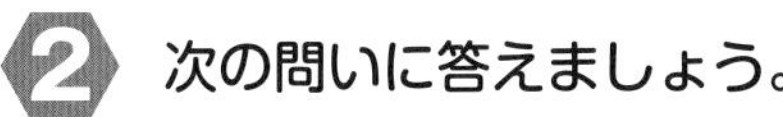

コレだけ！
□ 縮尺　□ 等高線　□ 地図記号

21
22
23
24
25
26

ステージ 22

大地のようす

大地の特色をおさえよう!

世界には地震(じしん)や火山活動が活発な地域と安定した地域があるようだ。それぞれの特色を調査しなさい。

1 世界のおもな火山・震源(しんげん)の分布と造山帯(ぞうざんたい)

▲ おもな火山
● おもな地震の震源
アルプス山脈
ヒマラヤ山脈
環太平洋造山帯
ロッキー山脈
太平洋
アルプス・ヒマラヤ造山帯
アンデス山脈
日本は環太平洋造山帯にふくまれているね～。

調査報告

●地震や火山活動が活発な地域

高くけわしい山地や山脈が連なる**造山帯**には，地震や火山活動が活発な地域が集中しています。

世界には**環太平洋造山帯**と**アルプス・ヒマラヤ造山帯**という，２つの造山帯があります。

地震や火山活動は，災害を引き起こします。

火山は，地熱(ちねつ)による発電や温泉などももたらしてくれますな。

●安定した地域

大地が安定している地域（**安定大陸**）には，広大な平原や高原が広がっています。

地震や火山活動が起こらないと，大地は雨や風でけずられて平らになっていくんじゃ。

解いてみよう！

解答 p.8

1 世界の地形について，地図中の□に入る語句を書きましょう。

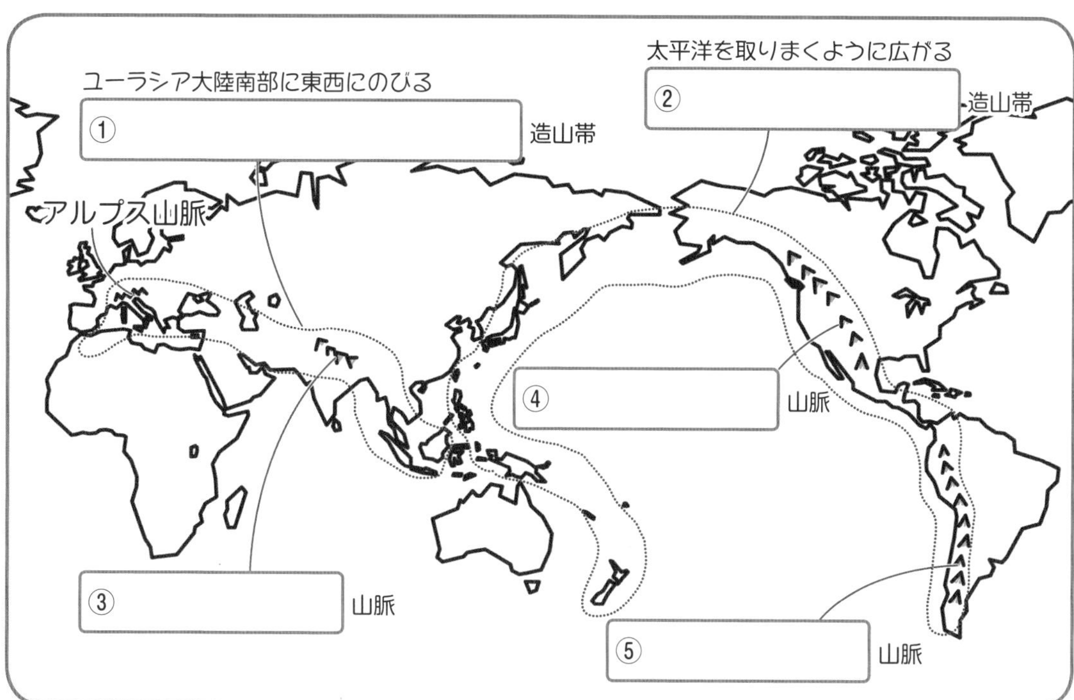

ユーラシア大陸南部に東西にのびる
① 造山帯
太平洋を取りまくように広がる
② 造山帯
アルプス山脈
③ 山脈
④ 山脈
⑤ 山脈

2 次の□にあてはまる語句を，下の□の中から選びましょう。

(1) □には高くけわしい山地や山脈が連なっています。

(2) 環太平洋造山帯は，アンデス山脈から□山脈，ニュージーランドにかけて，太平洋をとりかこむように広がっています。

(3) 地震や火山活動が少なく，大地が安定している地域を□といいます。

ロッキー　　安定大陸　　造山帯

コレだけ！

☐ 環太平洋造山帯　☐ アルプス・ヒマラヤ造山帯　☐ 安定大陸

21

22

23

24

25

ステージ 23

日本の自然と環境①

日本の山地と海岸をおさえよう!

日本の陸地のおよそ4分の3は山地のようだ。日本の地形の特色を調査しなさい。

1 日本の山地と海流

リマン海流
日本海
親潮
(千島海流)
飛驒山脈
フォッサマグナ
対馬海流
黒潮(日本海流)
赤石山脈
木曽山脈
太平洋
フォッサマグナは大きな溝という意味だよ。これを境に東側は南北に，西側は東西に山地がのびていることがわかるね～。

調査報告

●日本の山地

本州の中央部には標高3000m級の山脈が連なり，**日本アルプス**とよばれています。

日本アルプスは，飛驒山脈，木曽山脈，赤石山脈のことをさしているぞ。

●日本のまわりの海流

北上する暖流と，南下する寒流が流れています。

暖流には黒潮（日本海流）と対馬海流，**寒流**には親潮（千島海流）とリマン海流があります。

2 海岸の地形

ほかにも，砂におおわれた砂浜海岸，岩場が海に面した岩石海岸，マングローブがしげる海岸などがありますな。

▼リアス海岸　▼さんご礁に囲まれた海岸

●特色のある海岸

島国で海岸線の長い日本にはさまざまな形の海岸があります。**リアス海岸**はのこぎりの歯のような形をしています。

リアス海岸は，東北地方の三陸海岸や三重県の志摩半島などに見られるのじゃ。

解いてみよう！

解答 p.8

1 日本の山地や海岸について，地図中の[　]に入る語句を書きましょう。

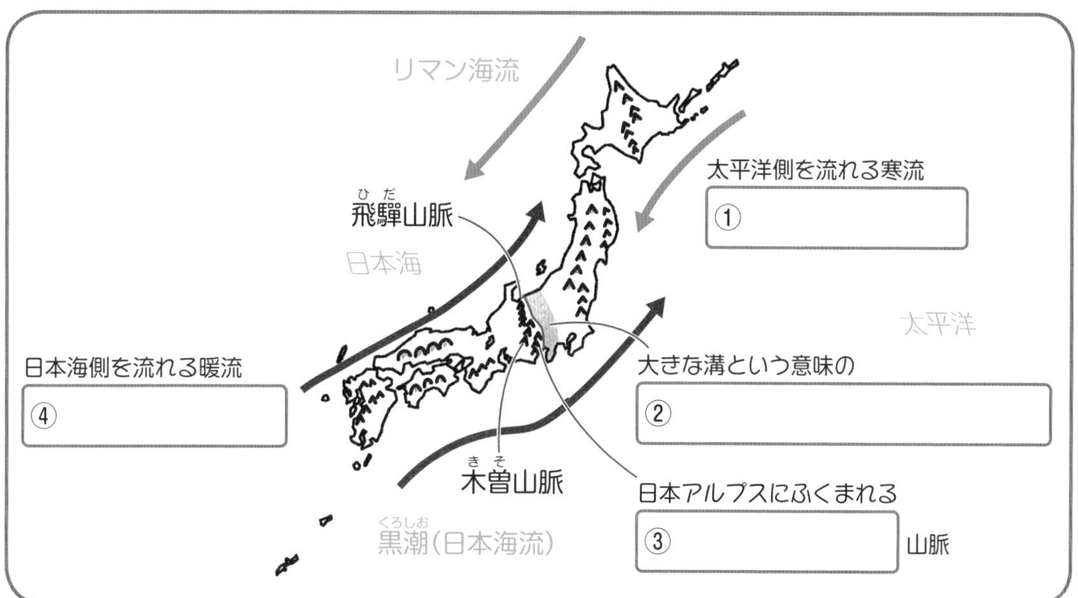
リマン海流
太平洋側を流れる寒流
①
飛驒(ひだ)山脈
日本海
太平洋
日本海側を流れる暖流
④
大きな溝という意味の
②
木曽(きそ)山脈
日本アルプスにふくまれる
③
山脈
黒潮(くろしお)（日本海流）

2 次の[　]にあてはまる語句を，下の[　]の中から選びましょう。

(1) 飛驒山脈，木曽山脈，赤石山脈をあわせて[　　　　]といいます。

(2) 日本の太平洋側を流れる暖流を[　　　　]といいます。

(3) 三陸海岸や志摩半島などに見られる，のこぎりの歯のような形をした海岸を[　　　　]といいます。

(4) フォッサマグナを境に，東側では山地が[　　　　]にのびています。

黒潮	日本アルプス	リアス海岸	南北

コレだけ！

☐ 日本アルプス　☐ フォッサマグナ　☐ 暖流・寒流　☐ リアス海岸

21　22　23　24　25　26

ステージ
24

日本の自然と環境②

日本の川と平野をおさえよう！

日本の川には，いろいろな特色があるようだ。川や平野に見られる地形を調査しなさい。

1 日本の川と世界の川

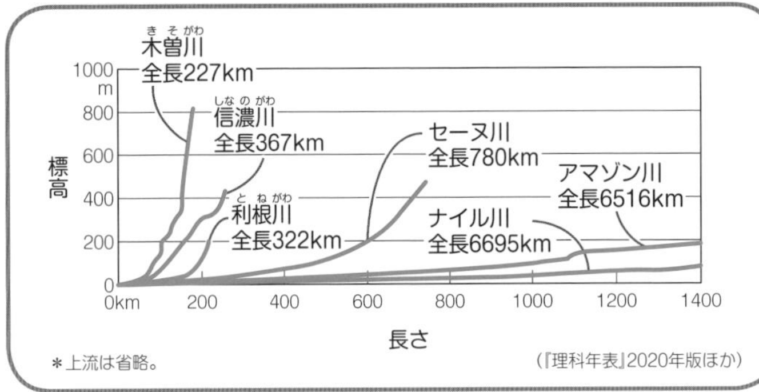
木曽川
全長227km
信濃川
全長367km
利根川
全長322km
セーヌ川
全長780km
ナイル川
全長6695km
アマゾン川
全長6516km
1000m
800
600
400
200
0
標高
0km
200
400
600
800
1000
1200
1400
長さ
＊上流は省略。 （『理科年表』2020年版ほか）

調査報告

●**日本の川の特色**

日本の川は世界の川にくらべて**長さが短く**，**流れが急**なのが特色です。

日本の川は，標高の高いところから海までの距離が短いため，急流になるんだぞ。

2 日本のおもな川と平野

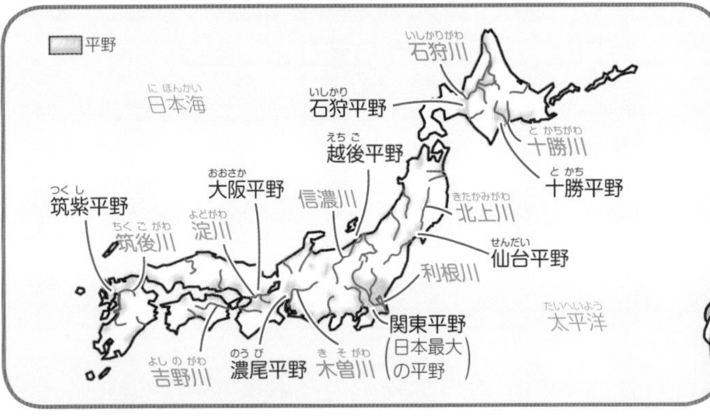
平野
日本海
石狩川
石狩平野
十勝川
十勝平野
越後平野
大阪平野
信濃川
北上川
筑紫平野
筑後川
淀川
仙台平野
利根川
関東平野
（日本最大の平野）
太平洋
吉野川
濃尾平野
木曽川

●**川がつくる地形①**

平野や**盆地**は，川から流れてくる土砂がたまってできたものです。

平野は広くて平らな土地，盆地はまわりを山に囲まれた，低くて平らな土地のことよ～。

3 特色ある地形

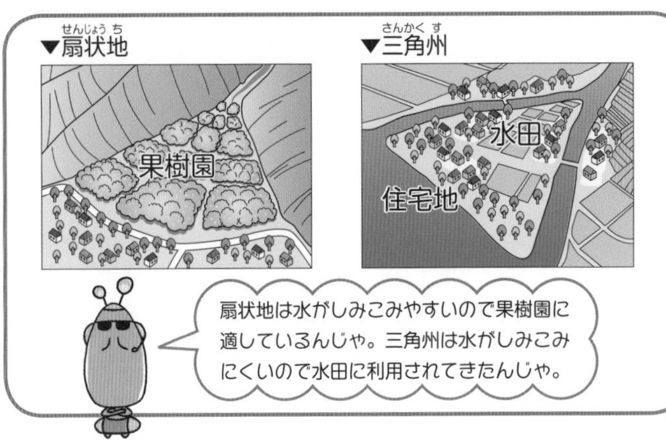
▼扇状地
果樹園
▼三角州
水田
住宅地
扇状地は水がしみこみやすいので果樹園に適しているんじゃ。三角州は水がしみこみにくいので水田に利用されてきたんじゃ。

●**川がつくる地形②**

扇状地は，川が山間部から平野や盆地に出たところにつくられる扇形の地形です。

三角州は，川の河口に土砂がたまってできる三角形の地形です。

解いてみよう！

解答 p.8

1 次の［　］にあてはまる語句を，下の［　］の中から選びましょう。

(1) 内陸にあり，まわりを山に囲まれた平らな土地を［　　　　］といいます。

(2) 扇状地は，水がしみこみやすいという特色から［　　　　］に適しています。

(3) 川の河口に土砂がたまってできる三角形の地形を［　　　　］といいます。

果樹園　　三角州　　盆地

2 次の問いに答えましょう。

(1) 日本の川について，右の図から読みとれることを，次から選んで，記号を書きましょう。［　　　　］

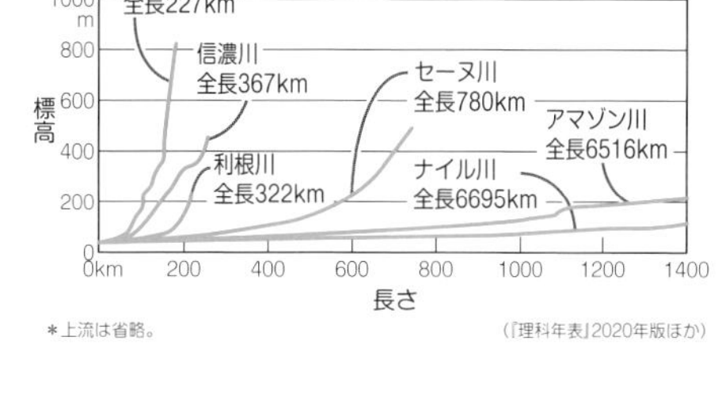

木曽川
全長227km
信濃川
全長367km
セーヌ川
全長780km
アマゾン川
全長6516km
利根川
全長322km
ナイル川
全長6695km
標高
1000m
800
600
400
200
0
0km
200
400
600
800
1000
1200
1400
長さ

＊上流は省略。　（「理科年表」2020年版ほか）

ア　長さが長く，流れがゆるやか。
イ　長さが短く，流れが急。
ウ　長さが短く，流れがゆるやか。

(2) 右の図について正しく説明したものを，次から選んで，記号を書きましょう。

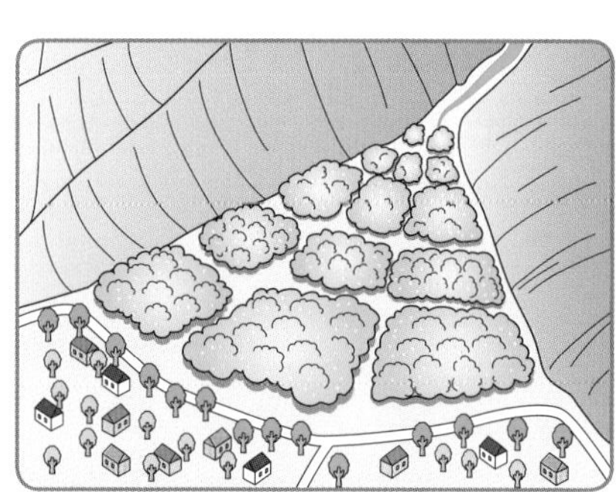

ア　扇状地といい，果樹園に適している。
イ　三角州といい，水田に適している。
ウ　扇状地といい，川の河口につくられる。

コレだけ！

□ 平野・盆地　　□ 扇状地　　□ 三角州

21

22

23

24
25
26

ステージ 25

日本の自然と環境③

日本の気候をおさえよう！

日本列島は南北に長いため，地域によって気候にちがいがあるようだ。日本の気候の特色を調査しなさい。

1 日本の気候のちがい

北海道は梅雨がないよ〜。

オホーツク海
日本海
太平洋

瀬戸内の気候
岡山
年平均気温16.2℃
年降水量1105.9mm
気温（℃） 降水量（mm） 1月 7 12
温暖で雨が少ない。

日本海側の気候
高田
年平均気温13.6℃
年降水量2755.3mm
冬に雪が多く，夏に乾燥する。

北海道の気候
札幌
年平均気温8.9℃
年降水量1106.5mm
冬の寒さがきびしい。

南西諸島の気候
那覇
年平均気温23.1℃
年降水量2040.8mm
気温が高く，雨が多い。

太平洋側の気候
名古屋
年平均気温15.8℃
年降水量1535.3mm
夏に雨が多く，冬に乾燥する。

内陸（性）の気候
松本
年平均気温11.8℃
年降水量1031.0mm
夏と冬の気温差が大きく，雨が少ない。

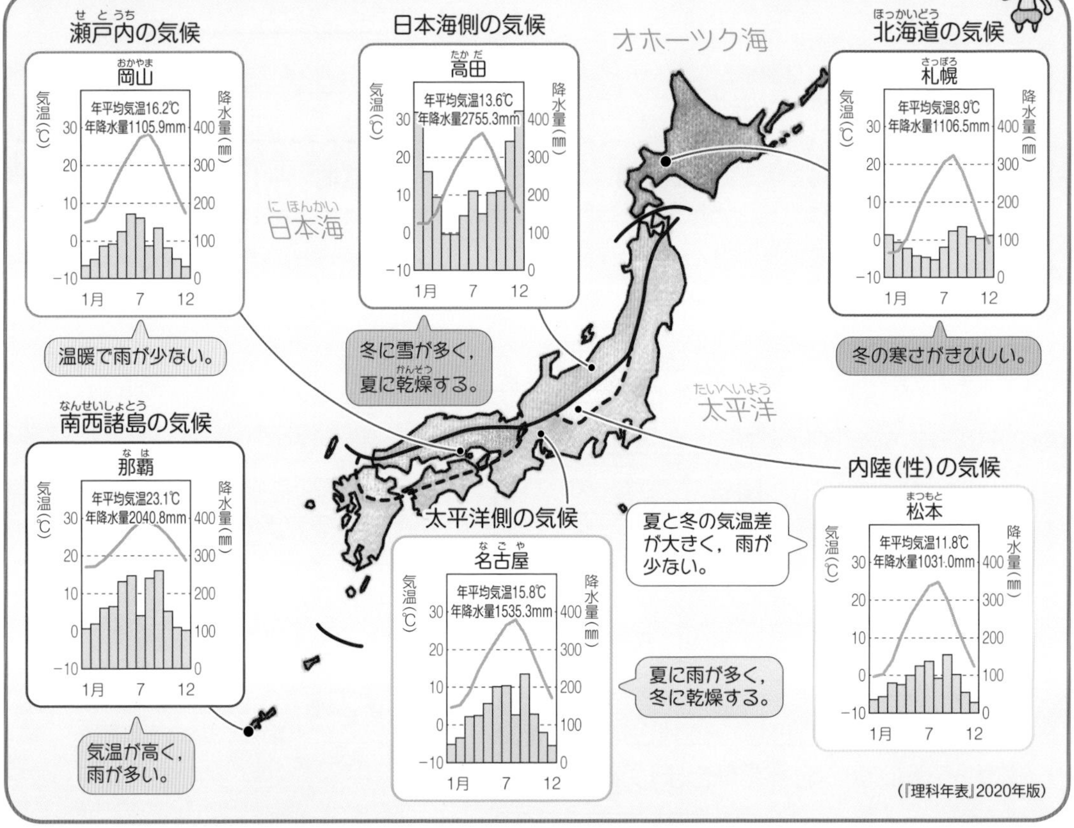

（『理科年表』2020年版）

調査報告

季節風はモンスーンともいうぞ。

●日本の気候の特色

北海道は**亜寒帯（冷帯）**，本州・四国・九州は**温帯**に属しています。

夏のはじめに梅雨があり，夏の終わりから秋にかけて台風が多いのも特色じゃ。

●日本海側と太平洋側の気候

日本海側は，冬にふく**北西の季節風**の影響で，雪が多く降ります。

太平洋側は，夏にふく**南東の季節風**の影響で，夏に雨が多くなります。

北西の季節風（冬）
南東の季節風（夏）

解いてみよう！

解答 p.9

1 次の［　　］にあてはまる語句を，下の［　　］から選びましょう。

(1) 日本には，夏と冬とで風向きが変わる［　　　　］がふきます。

(2) 沖縄（おきなわ）県などの［　　　　］の気候は，冬でも温暖です。

(3) 北海道は，冬の寒さがきびしい［　　　　］の気候です。

(4) 日本海側は［　　　　］に降水量が多くなります。

(5) 太平洋側は［　　　　］に降水量が多くなります。

夏　　冬　　季節風　　亜寒帯　　南西諸島

2 次の問いに答えましょう。

(1) 右の雨温図が表している気候を，次から選んで，記号を書きましょう。［　　　　］

ア 日本海側の気候　　**イ** 太平洋側の気候
ウ 南西諸島の気候

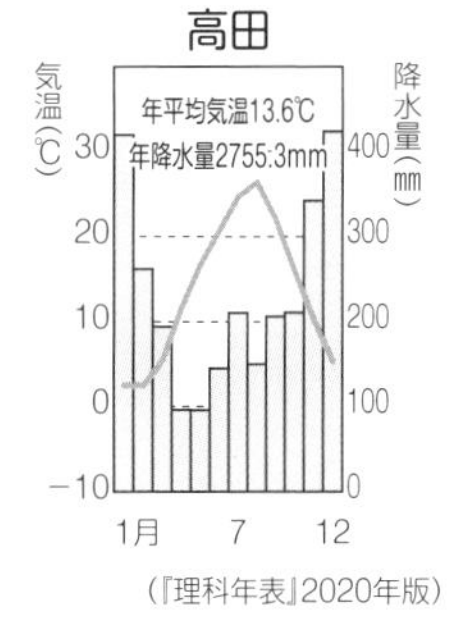
高田
年平均気温13.6℃
年降水量2755.3mm
気温（℃）
降水量（mm）
30
20
10
0
−10
400
300
200
100
0
1月
7
12
（『理科年表』2020年版）

(2) 夏の季節風（モンスーン）の風向きを表している矢印を，地図中のA，Bから選んで，記号を書きましょう。［　　　　］

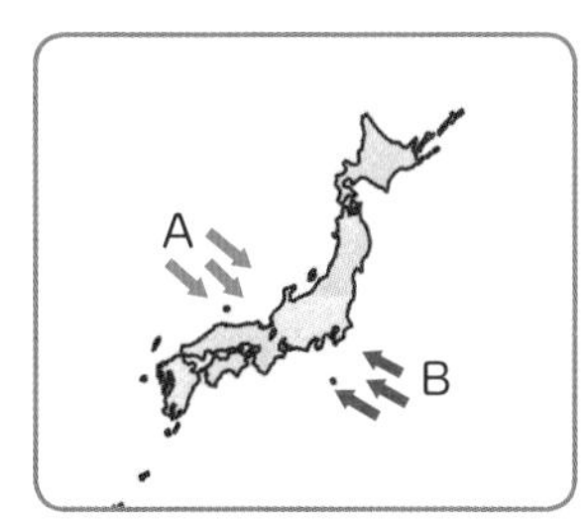
A
B

□ 季節風（モンスーン）　□ 梅雨　□ 台風
□ 日本海側の気候　□ 太平洋側の気候

21 22 23 24 25 26

5章 日本のさまざまな地域①

ステージ 26

日本の自然と環境④

日本の災害と防災をおさえよう！

日本は台風や地震などの自然災害が多く起きるようだ。災害とその対策について調査しなさい。

① 日本で災害が起きやすい地域

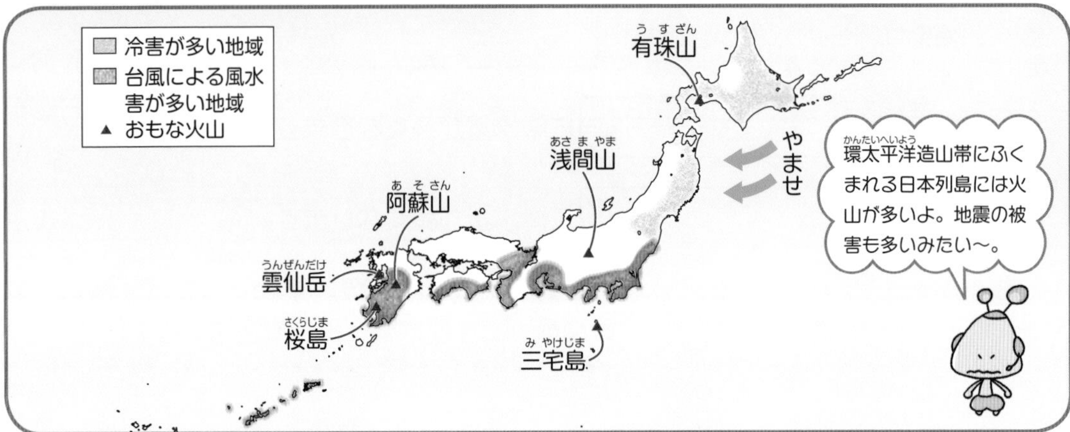

冷害が多い地域
台風による風水害が多い地域
▲ おもな火山
有珠山
浅間山
阿蘇山
雲仙岳
桜島
三宅島
やませ
環太平洋造山帯にふくまれる日本列島には火山が多いよ。地震の被害も多いみたい〜。

② さまざまな水害

大雨により大量の土砂が流れる土石流
大雨により川の水があふれる洪水
台風により海面が高くなる高潮

③ 災害時の支援

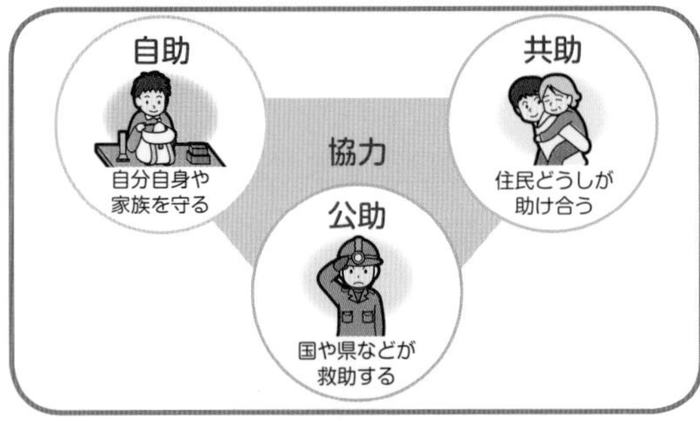

自助
自分自身や家族を守る
共助
住民どうしが助け合う
協力
公助
国や県などが救助する

調査報告

●地震と津波

日本は**地震**が多い国です。また，地震により海底の地形が変化すると**津波**が発生します。

2011年の東日本大震災では，津波による大きな被害が出ました。

●さまざまな災害

台風が多い日本は，**高潮**・**洪水**・**土石流**などの災害が起きることがあります。

東北地方では夏に冷たいやませがふくと農作物が育たない冷害になるぞ。

●災害の対策

災害の多い地域では，災害を防ぐ**防災**や，被害を減らす**減災**などの取り組みが行われています。

災害の被害予測などを示したハザードマップをつくっているんじゃ。

解いてみよう！

解答 p.9

1 次の□にあてはまる語句を，下の□の中から選びましょう。

(1) 日本には雲仙岳など，現在も活動している［　　　］があります。

(2) 地震により海底の地形が変化すると，［　　　］が発生します。

(3) 台風によって海面が高くなる［　　　］で，海岸部に被害が出ることがあります。

(4) 東北地方では，夏に太平洋側から冷たい［　　　］がふくと，農作物が被害を受けることがあります。

やませ　火山　高潮　津波

2 次の問いに答えなさい。

(1) 集中豪雨（しゅうちゅうごうう）などで川が増水してあふれる災害を何といいますか。

［　　　］

(2) 大雨などによって大量の土砂が斜面（しゃめん）を流れる現象を何といいますか。

［　　　］

(3) 東北地方では，夏にふくやませの影響（えいきょう）で農作物が育たなくなることがあります。このような被害を何といいますか。

［　　　］

(4) 災害が予測される地域で，被害を最小限に減らすための取り組みを何といいますか。

［　　　］

(5) 災害の被害予測や避難（ひなん）場所などを示した地図を，カタカナで何といいますか。

［　　　］

コレだけ！

□ 地震　□ 津波　□ やませ　□ ハザードマップ

確認テスト

解答 p.9

/100点

次の問いに答えましょう。（5点×2）

ステージ 21

(1)　地図中のXの線が示すものを，次から1つ選んで，記号を書きましょう。

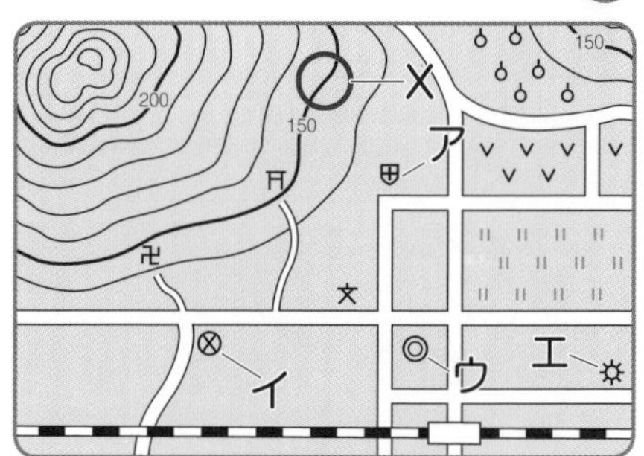
X
ア
イ
ウ
エ
200
150
150

ア　土地の価格　　イ　土地の高さ
ウ　土地の利用　　エ　頂上からの距離（きょり）

(2)　次の文が示すものを，地図中のア～エから1つ選んで，記号を書きましょう。

・神社から見て南東にある。　・水田の南側にある。　・駅の東側にある。

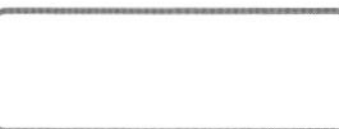

地図中のA・Bの造山帯（ぞうざんたい）を何といいますか。（5点×2）

A

B

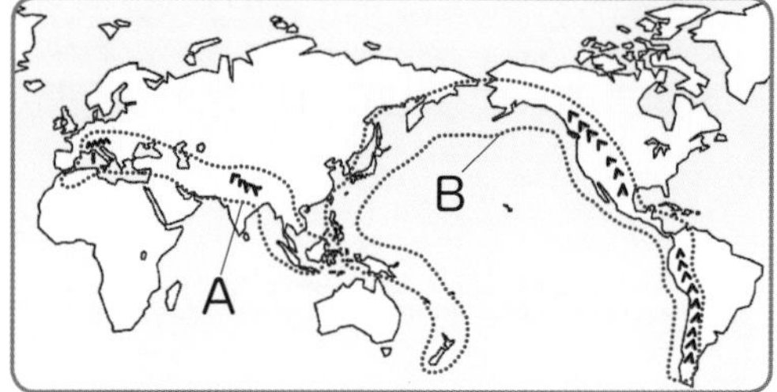
A
B

次の問いに答えましょう。（5点×4）

ステージ 23

(1)　地図中の日本アルプスに**ふくまれない**山脈を，次から1つ選んで，記号を書きましょう。

ア　越後（えちご）山脈　　イ　木曽（きそ）山脈
ウ　飛騨（ひだ）山脈　　エ　赤石（あかいし）山脈

(2)　地図中のXを境に，東西で山地の向きが変わります。Xを何といいますか。

(3)　地図中のYなどに見られる，のこぎりの歯のような形をした海岸を何といいますか。

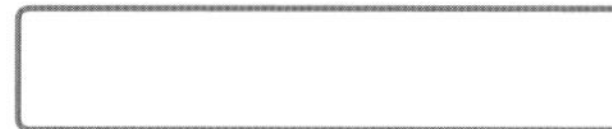

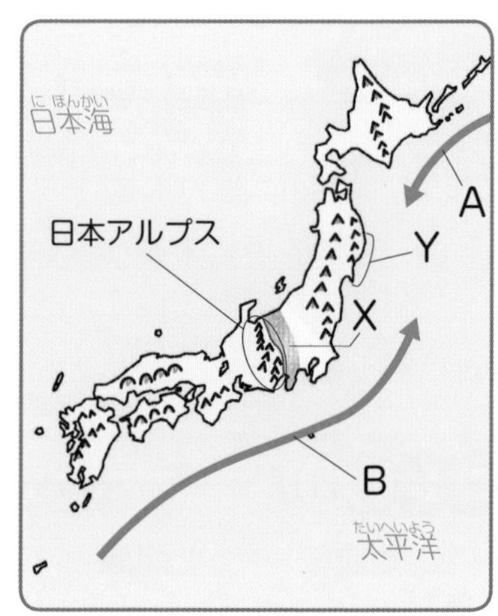
日本海
日本アルプス
A
Y
X
B
太平洋

⑷　地図中のA・Bの海流の組み合わせとして正しいものを，次から１つ選んで，記号を書きましょう。

ア　A…親潮，B…対馬海流　　イ　A…親潮，B…黒潮
ウ　A…リマン海流，B…対馬海流　　エ　A…リマン海流，B…黒潮

4 次の問いに答えましょう。（6点×5）

ステージ 24

⑴　右のグラフを見て，世界と比べた日本の川の特色を，次から１つ選んで，記号を書きましょう。

ア　長さが長く，流れが急。
イ　長さが短く，流れが急。
ウ　長さが長く，流れがゆるやか。
エ　長さが短く，流れがゆるやか。

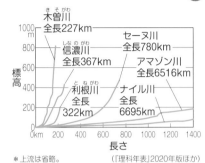

木曽川
全長227km
信濃川
全長367km
利根川
全長
322km
セーヌ川
全長780km
アマゾン川
全長6516km
ナイル川
全長
6695km
標高
1000m
800
600
400
200
0
0km
200
400
600
800
1000
1200
1400
長さ

＊上流は省略。　（『理科年表』2020年版ほか）

⑵　次の①～④にあてはまる語句を，あとから１つずつ選んで，記号を書きましょう。

日本最大の（　①　）平野には，（　②　）川が流れています。川の流れは，山から平野に流れ出るところに（　③　），川の河口に（　④　）をつくることがあります。

ア　濃尾　　イ　関東
ウ　信濃　　エ　利根
オ　扇状地　　カ　三角州

①　②　③　④

5 次の問いに答えましょう。（6点×5）

ステージ 25 26

⑴　次の①～④にあてはまる語句を，あとから１つずつ選んで，記号を書きましょう。

日本の気候は，冬は北西，夏は南東からふく（　①　）の影響を受けます。（　②　）の気候は冬の降水量が多くなり，（　③　）の気候は冬に晴れの日が続きます。山地によって夏と冬の（　①　）がさえぎられる（　④　）周辺は，一年を通じて比較的あたたかく，降水量が少なくなります。

ア　日本海側　　イ　瀬戸内海
ウ　太平洋側　　エ　偏西風
オ　季節風

①　②　③　④

⑵　地震によって引き起こされる災害を，次から１つ選んで，記号を書きましょう。

ア　やませ　　イ　高潮　　ウ　津波　　エ　冷害

調査報告 プラス

●潮目のひみつ

三陸海岸沖には，黒潮（日本海流）と親潮（千島海流）がぶつかる潮目があり，多くのプランクトンと魚が集まるため，豊かな漁場になります。

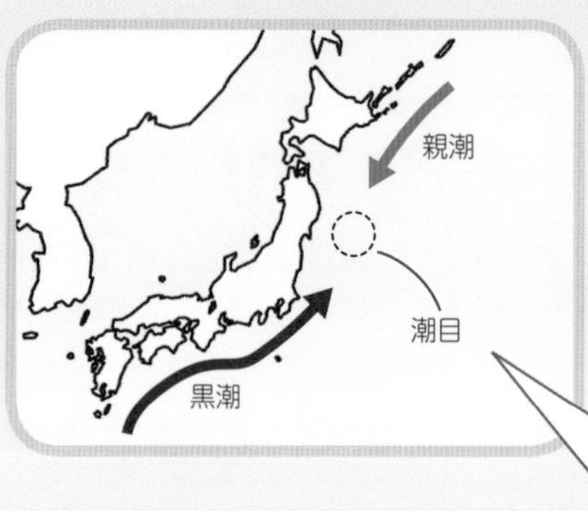

親潮
潮目
黒潮

潮目とは，性質がちがう海水がぶつかるところで，潮境ともいうよ～。

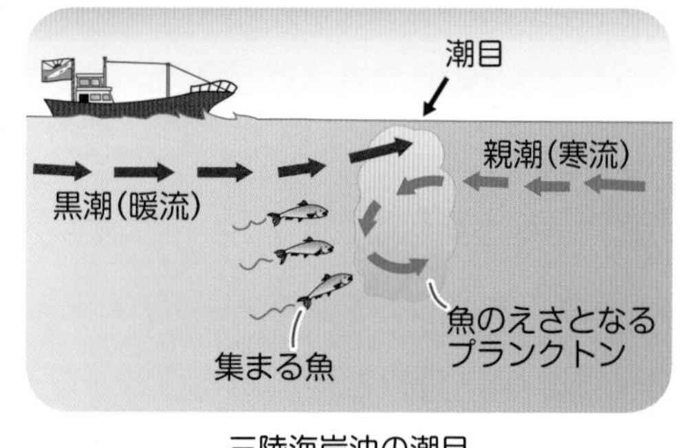

潮目
親潮（寒流）
黒潮（暖流）
魚のえさとなるプランクトン
集まる魚

三陸海岸沖の潮目

親潮は，栄養分をふくんでいる。魚を育てる親になる潮という意味から，親潮と名付けられたんじゃ。
黒潮は，プランクトンが少なく，黒みがかった色をしているので，黒潮と名付けられたんじゃ。

「日本のさまざまな地域①」
調査完了！

次へ進もう

6章

日本のさまざまな地域②

日本という国は，国土面積のわりに多くの人々がくらしているようだ。

人口，資源・エネルギー，産業には，どのような特色があるのだろうか。

日本の社会を調査しよう。

ステージ27

人口の特色

日本の人口と課題をおさえよう!

世界の人口は増えているが，日本の人口は減りつつあるようだ。それぞれの人口の変化を調査しなさい。

1 増える世界の人口

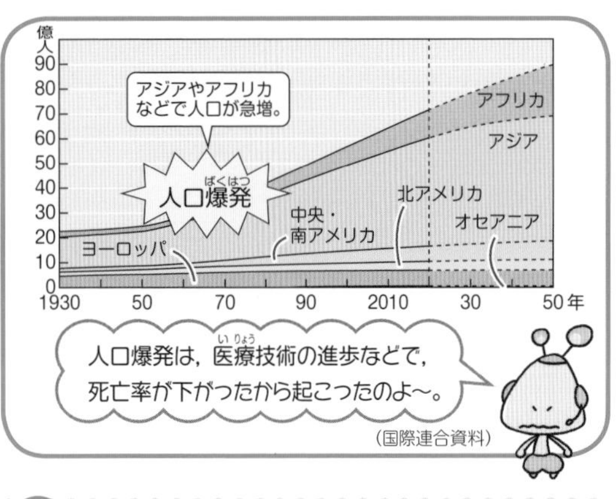

億人
アジアやアフリカなどで人口が急増。
人口爆発
アフリカ
アジア
北アメリカ
中央・南アメリカ
オセアニア
ヨーロッパ
1930 50 70 90 2010 30 50年
人口爆発は，医療技術の進歩などで，死亡率が下がったから起こったのよ～。

(国際連合資料)

2 少子高齢化の進む日本

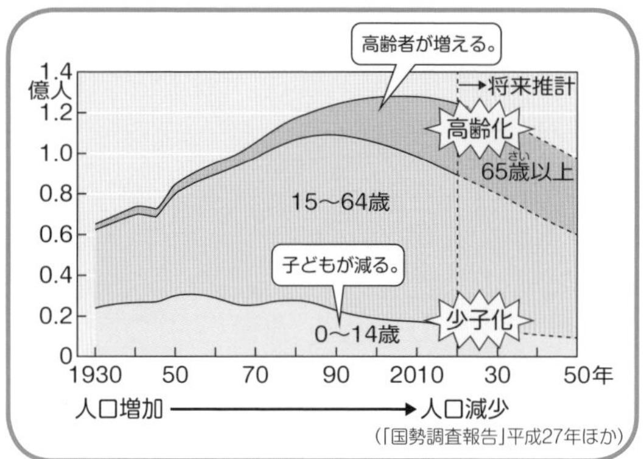

高齢者が増える。
億人
→将来推計
高齢化
65歳以上
15～64歳
子どもが減る。
少子化
0～14歳
1930 50 70 90 2010 30 50年
人口増加 → 人口減少

(「国勢調査報告」平成27年ほか)

3 日本の人口ピラミッドの変化

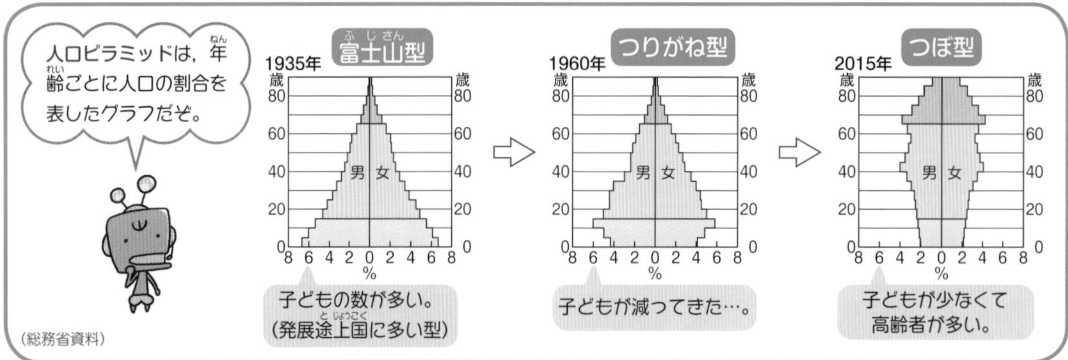

人口ピラミッドは，年齢ごとに人口の割合を表したグラフだぞ。
1935年 富士山型
1960年 つりがね型
2015年 つぼ型
歳
男 女
%
子どもの数が多い。(発展途上国に多い型)
子どもが減ってきた…。
子どもが少なくて高齢者が多い。

(総務省資料)

調査報告

●増える世界の人口

人口が急増することを**人口爆発**といいます。アジアなどの発展途上国で人口が増えています。

先進国の都市部では，人口密度が高くなります。

●日本の人口の変化

日本は，子どもの数が少なくなり，高齢者の数が多くなる**少子高齢社会**になっています。近年は，人口がだんだん減少しています。

●日本の人口集中

都市部では人口が集中する**過密**，農村部では人口が減少して高齢化が進む**過疎**が問題になっています。

人口は東京・大阪・名古屋の三大都市圏に集中しているんじゃ。

解いてみよう！

解答 p.9

1 次の□にあてはまる語句を，下の⬚の中から選びましょう。

(1) アジアやアフリカ，南アメリカなどでは人口が急激に増える□が起きています。

(2) 日本は現在，子どもの数が少なく，高齢者の数が多い□になっています。

(3) 年齢ごとに人口の割合を表したグラフを□といいます。

(4) 都市部に人口が集中することを□といいます。

過密　少子高齢社会　人口爆発　人口ピラミッド

2 次の問いに答えましょう。

(1) 下のグラフのうち，現在の日本の人口のようすを表しているグラフはどれですか。次から１つ選んで，記号を書きましょう。□

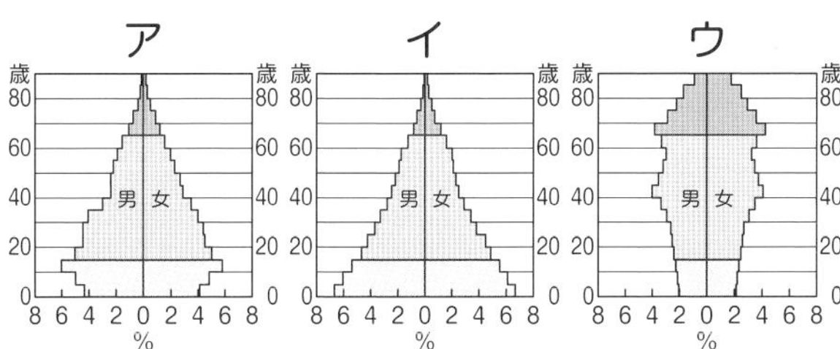
ア
イ
ウ
歳
80
60
40
20
0
男
女
8 6 4 2 0 2 4 6 8
%

(2) 農村部などで人口の減少と高齢化が進むことを何といいますか。

コレだけ！

□ 人口爆発　□ 少子高齢社会　□ 人口ピラミッド　□ 過密・過疎

ステージ **28**

資源・エネルギーの特色

資源とエネルギーを知ろう！

日本は石油などの資源を輸入にたよっているようだ。世界の資源の分布や日本のエネルギーについて調査しなさい。

1 世界の鉱産資源

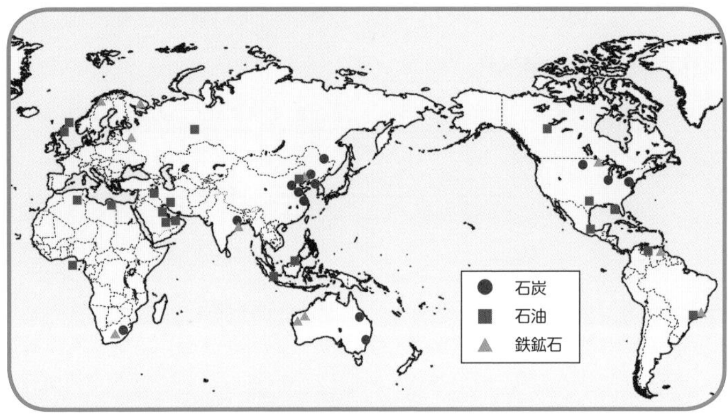

● 石炭
■ 石油
▲ 鉄鉱石

調査報告

●かたよる資源の分布

石油，石炭，鉄鉱石などの資源を**鉱産資源**といいます。石油は西アジアの**ペルシャ湾**周辺で多く産出されます。

資源がとれない国は，とれる国から輸入しているぞ。

2 資源輸入大国 日本

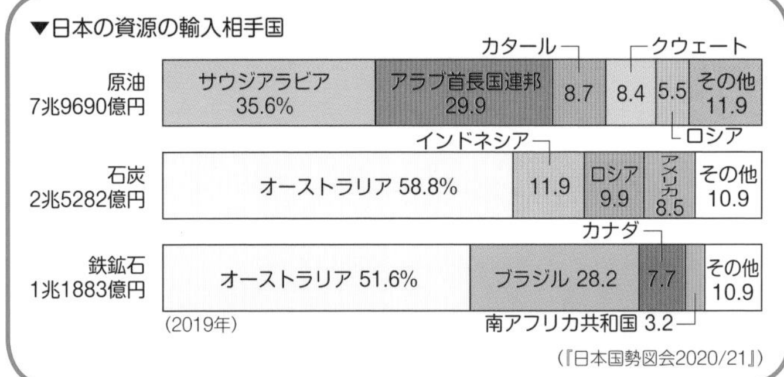

▼日本の資源の輸入相手国

原油 7兆9690億円	サウジアラビア 35.6%	アラブ首長国連邦 29.9	カタール 8.7	クウェート 8.4	ロシア 5.5	その他 11.9
石炭 2兆5282億円	オーストラリア 58.8%	インドネシア 11.9	ロシア 9.9	アメリカ 8.5	その他 10.9	
鉄鉱石 1兆1883億円	オーストラリア 51.6%	ブラジル 28.2	カナダ 7.7	南アフリカ共和国 3.2	その他 10.9	

(2019年)

(『日本国勢図会2020/21』)

●資源にとぼしい日本

日本は必要な鉱産資源の多くを輸入にたよっています。

鉱産資源には限りがあるので，リサイクルすることも重要です。

3 日本のエネルギー

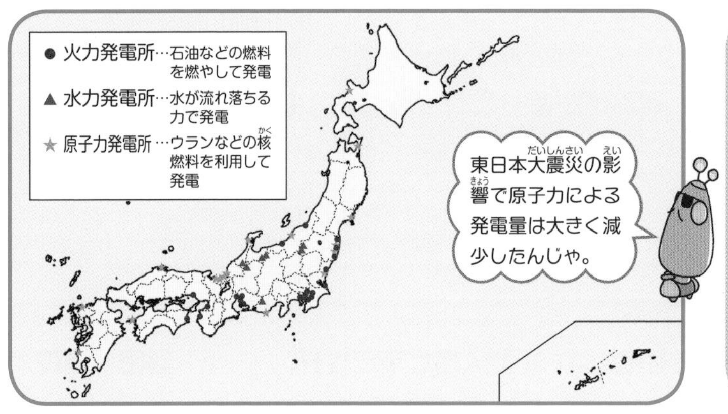

● 火力発電所…石油などの燃料を燃やして発電
▲ 水力発電所…水が流れ落ちる力で発電
★ 原子力発電所…ウランなどの核燃料を利用して発電
東日本大震災の影響で原子力による発電量は大きく減少したんじゃ。

●日本の発電

日本の発電は，石油や石炭などの**化石燃料**を燃やす火力発電が中心です。

近年は，風力などの再生可能エネルギーの利用も進められているよ～。

解いてみよう！

解答 p.10

1 次の［　　］にあてはまる語句を，下の［　　］の中から選びましょう。

(1) 石油は［　　　　］周辺の西アジアで多く産出されます。

(2) 日本は，化石燃料を燃やして発電する［　　　　］が中心です。

(3) ウランなどの核燃料を利用して発電する方法を［　　　　］といいます。

(4) 風力や太陽光などの［　　　　］を利用した発電が進められています。

再生可能エネルギー　　原子力発電　　ペルシャ湾　　火力発電

2 次の問いに答えましょう。

(1) 石油，石炭，鉄鉱石などの資源をまとめて何といいますか。

［　　　　］

(2) 再生可能エネルギーを利用した発電方法を，次から１つ選んで，記号を書きましょう。

ア　火力発電　　**イ**　風力発電　　**ウ**　原子力発電

［　　　　］

(3) 2011年に起きた東日本大震災の影響で，発電量が大きく減少した発電を，次から１つ選んで，記号を書きましょう。

ア　火力発電　　**イ**　水力発電　　**ウ**　原子力発電

［　　　　］

コレだけ！

☐ **火力発電**　　☐ **原子力発電**　　☐ **再生可能エネルギー**

日本の農業をおさえよう！

日本の農業は，気候のちがいによって特色があり，課題もあるようだ。それぞれ調査しなさい。

1 日本のおもな農産物の産地

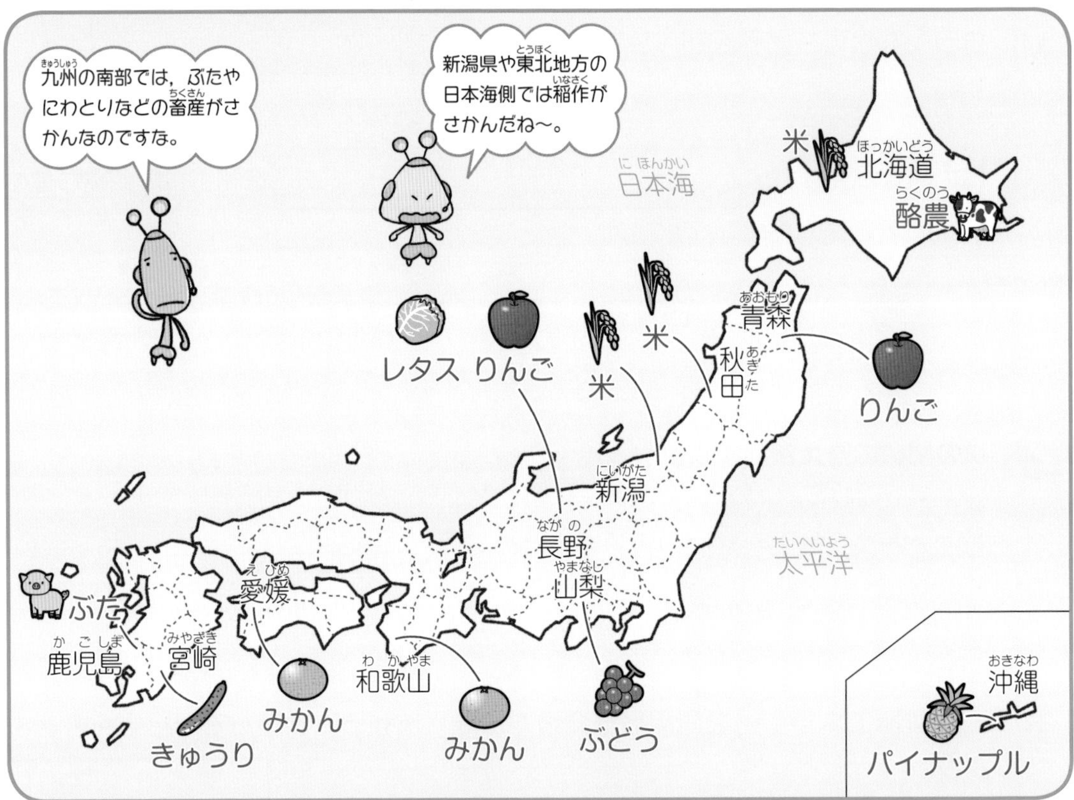
九州の南部では，ぶたやにわとりなどの畜産がさかんなのですな。
新潟県や東北地方の日本海側では稲作がさかんだね～。
日本海
米
北海道
酪農
青森
秋田
りんご
米
米
レタス
りんご
新潟
長野
山梨
太平洋
ぶた
鹿児島
宮崎
愛媛
和歌山
きゅうり
みかん
みかん
ぶどう
沖縄
パイナップル

調査報告

●日本の農業の特色①

温暖な地域では野菜の**促成栽培**，夏でもすずしい地域では野菜の**抑制栽培**がさかんです。

促成栽培は宮崎平野や高知平野，抑制栽培は長野県の野辺山原などでさかんだぞ。

●日本の農業の特色②

大都市の周辺では，**近郊農業**がさかんです。温室を利用した**施設園芸農業**がさかんな地域もあります。

●日本の農業の課題

外国の安い農産物が輸入され，日本の**食料自給率**が低下しています。

食料自給率が低い農産物は，輸入にたよっているということじゃ。

解いてみよう！

解答 p.10

1 次の［　］にあてはまる語句を，下の［　］の中から選びましょう。

(1) 東北地方や新潟県などでは［　　　　］の生産がさかんです。

(2) 青森県や長野県では［　　　　］の栽培がさかんです。

(3) 鹿児島県では［　　　　］などの畜産がさかんです。

(4) 和歌山県や愛媛県などでは［　　　　］の栽培がさかんです。

(5) 外国の安い農産物の輸入により，日本は［　　　　］が低下しています。

ぶた　　みかん　　食料自給率　　米　　りんご

2 次の問いに答えましょう。

(1) 宮崎平野や高知平野で，冬でも温暖な気候を利用して行われている農業を何といいますか。

［　　　　］

(2) 長野県などで，夏のすずしい気候を利用して行われている農業を何といいますか。

［　　　　］

(3) 野菜などを，新鮮(しんせん)なまま出荷するため，大都市の周辺で行われている農業を何といいますか。

［　　　　］

(4) 九州南部などでさかんに行われている，ぶたやにわとりなどを飼育する農業を何といいますか。

［　　　　］

コレだけ！

☐ 促成栽培　☐ 抑制栽培　☐ 近郊農業　☐ 食料自給率

27　28　29　30

ステージ 30

日本の産業②

日本の工業をおさえよう!

日本は機械工業が発達しているようだ。どんな特色があるか調査しなさい。

1 日本のおもな工業地帯・工業地域

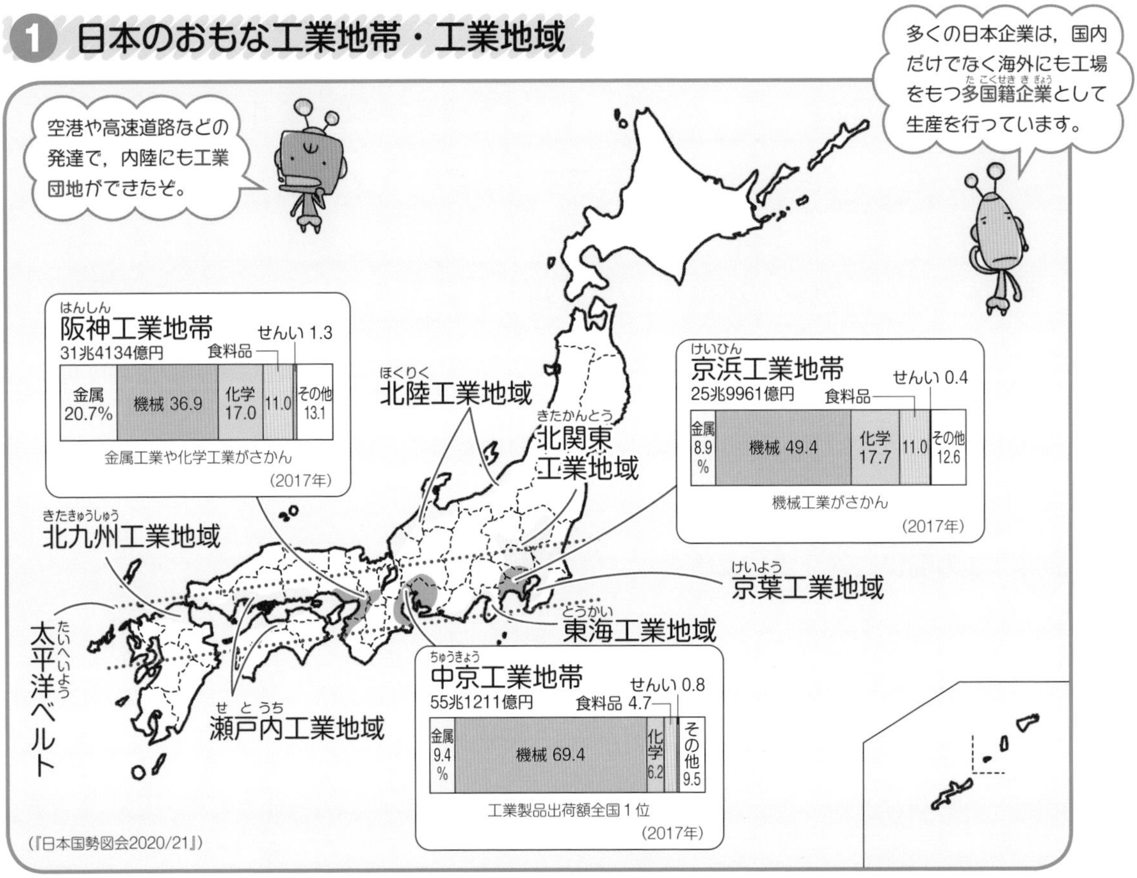

多くの日本企業は，国内だけでなく海外にも工場をもつ多国籍企業として生産を行っています。

空港や高速道路などの発達で，内陸にも工業団地ができたぞ。

阪神工業地帯
31兆4134億円
金属 20.7%
機械 36.9
化学 17.0
食料品 11.0
せんい 1.3
その他 13.1
金属工業や化学工業がさかん
(2017年)
北陸工業地域
北関東工業地域
京浜工業地帯
25兆9961億円
金属 8.9%
機械 49.4
化学 17.7
食料品 11.0
せんい 0.4
その他 12.6
機械工業がさかん
(2017年)
北九州工業地域
京葉工業地域
東海工業地域
太平洋ベルト
瀬戸内工業地域
中京工業地帯
55兆1211億円
金属 9.4%
機械 69.4
化学 6.2
食料品 4.7
せんい 0.8
その他 9.5
工業製品出荷額全国1位
(2017年)
(『日本国勢図会2020/21』)

調査報告

●工業のさかんな地域

日本は原料の多くを輸入にたよっています。そのため工業地帯は輸送に便利な海沿いに多く，**太平洋ベルト**とよばれています。

●日本最大の工業地帯

愛知県を中心とした**中京工業地帯**は，日本最大の工業地帯で，機械工業がさかんです。

愛知県豊田市では，自動車の生産がさかんなのよ〜。

●工業の変化

かつては原料を輸入して製品を輸出していましたが，近年は製品の輸入が増えています。

工場の海外移転などで国内の工場が減り，「産業の空洞化」が起きているのじゃ。

解いてみよう！

解答 p.10

1 日本の工業地帯・地域について，地図中の　　　に入る語句を書きましょう。

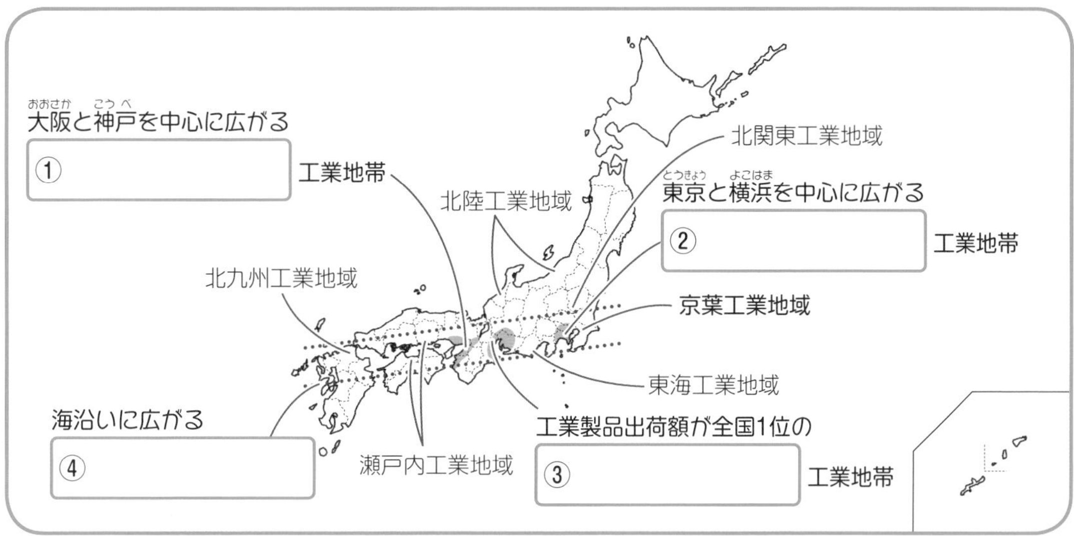
大阪と神戸を中心に広がる
①
工業地帯
北陸工業地域
北関東工業地域
東京と横浜を中心に広がる
②
工業地帯
北九州工業地域
京葉工業地域
東海工業地域
海沿いに広がる
④
工業製品出荷額が全国1位の
③
工業地帯
瀬戸内工業地域

2 次の　　　にあてはまる語句を，下の　　　の中から選びましょう。

(1) 交通網の発達により，内陸部に　　　　　がつくられました。

(2) 中京工業地帯では　　　　　の生産がさかんです。

(3) 多くの日本企業は，海外にも工場をもつ　　　　　として生産を行っています。

(4) 海外への工場移転などにより，国内の工場が減少する「　　　　　」が起きています。

産業の空洞化	多国籍企業	工業団地	自動車

コレだけ！

☐ 太平洋ベルト　☐ 中京工業地帯　☐ 産業の空洞化　☐ 多国籍企業

27

28

29

30

確認テスト

解答 p.10

/100点

1 次の問いに答えましょう。（6点×5）

ステージ 27

(1) 右のグラフは世界の州別の人口の変化を表しています。グラフ中のA・Bにあてはまる地域を，次から1つずつ選んで，記号を書きましょう。

ア ヨーロッパ州
イ アフリカ州
ウ アジア州
エ オセアニア州

A
B

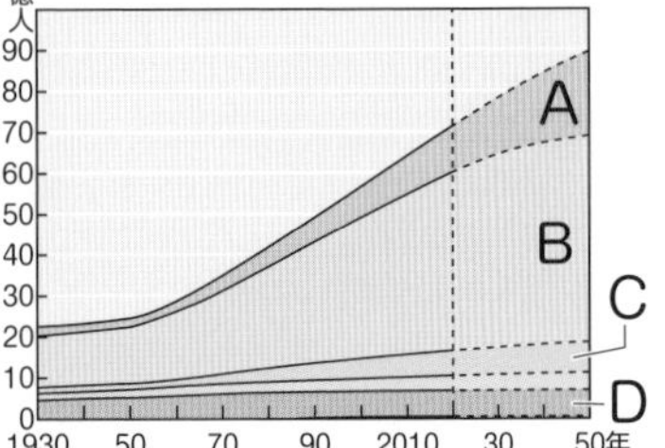

億人
90
80
70
60
50
40
30
20
10
0
A
B
C
D
1930
50
70
90
2010
30
50年

(2) 人口が急激に増える現象を何といいますか。

(3) 次の文中の①・②にあてはまる語句を書きましょう。

右のグラフは日本の人口ピラミッドです。日本は子どもの数が減り，高齢者（こうれいしゃ）の割合が高くなる（ ① ）が進んでいます。また，三大都市圏（けん）では人口が増えすぎて（ ② ）の状態になっています。

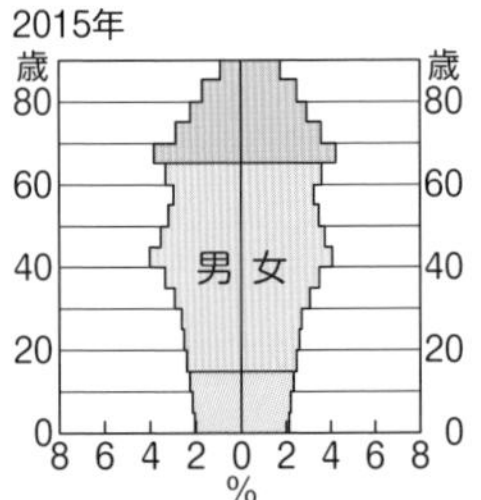

2015年
歳
80
60
40
20
0
男
女
8 6 4 2 0 2 4 6 8
%

①
②

2 次の問いに答えましょう。（8点×3）

ステージ 28

(1) 右の図はおもな鉱産資源の産出地を示しています。図中のXにあてはまる資源を，次から1つ選んで，記号を書きましょう。

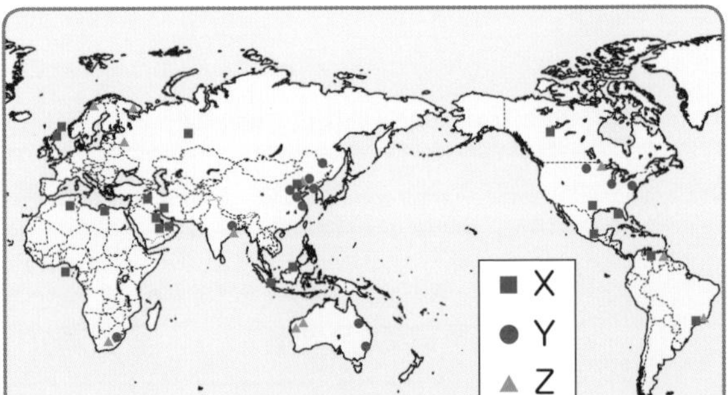

X
Y
Z

ア 石炭　　イ 鉄鉱石
ウ 石油

(2) 再生可能エネルギーを，次から2つ選んで，記号を書きましょう。

ア 原子力　　イ 風力　　ウ 火力　　エ 太陽光

3 次の問いに答えましょう。（6点×3）

ステージ 29

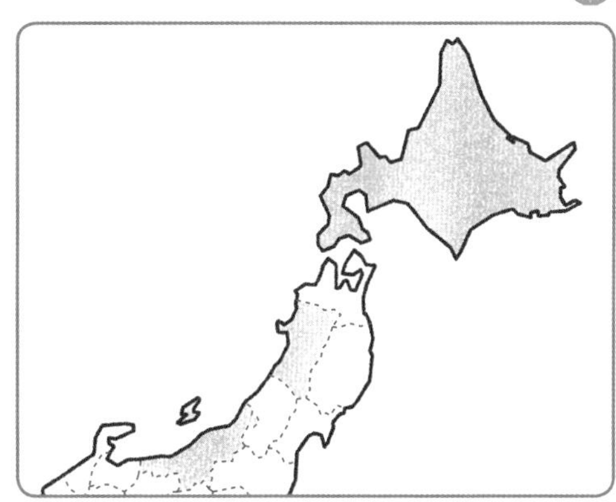

(1) 地図中の は，ある農産物の生産量上位3道県を示しています。あてはまる農産物を，次から1つ選んで，記号を書きましょう。

ア ぶた肉
イ 米　ウ りんご　エ なす

(2) 次の①・②の説明にあてはまる農業を，あとから1つずつ選んで，記号を書きましょう。

① 都市周辺で，都市向けに野菜などを生産する。
② 宮崎（みやざき）平野や高知（こうち）平野で，温暖な気候を利用して野菜を栽培（さいばい）する。

ア 二毛作（にもうさく）　イ 促成栽培（そくせい）
ウ 近郊農業（きんこう）　エ 抑制栽培（よくせい）

① ②

4 次の問いに答えましょう。（7点×4）

ステージ 30

(1) 地図中のXの地域を何といいますか。

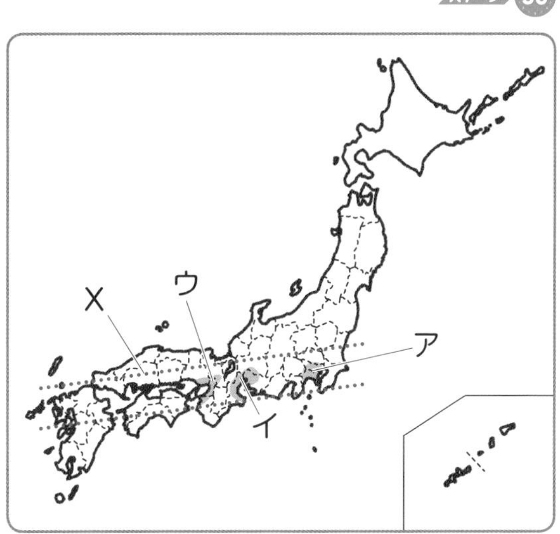
X
ウ
ア
イ

(2) 次の説明があてはまる工業地帯を，地図中のア～ウから1つ選んで，記号を書きましょう。

この工業地帯は，日本最大の工業地帯で，とくに自動車工業がさかんです。

(3) 次の文中の①・②にあてはまる語句を書きましょう。

日本では，かつては（　①　）を輸入し，製品に加工して輸出する貿易がさかんでした。近年は海外への工場移転などがすすみ，製品の輸入が増えています。同時に，工場が減ったことで国内の生産力がおとろえる（　②　）が課題となっています。

① ②

調査報告 プラス

●新しい発電の方法

太陽光，風力，地熱などの再生可能エネルギーは，石油などの化石燃料とちがってなくなることがありません。発電時に二酸化炭素などをほとんど出さないことからも，優れたエネルギーとして注目されています。

太陽光発電
太陽の光を利用して発電するよ〜。
風力発電
風の力で大きな風車の羽根を回して発電するぞ。
地熱発電
タービン
発電機
マグマ
蒸気
地下のマグマの熱を利用して発電します。
再生可能エネルギーによる発電には，設置費用が高い，気象条件によって発電量が左右される，などの課題があるのじゃ。

「日本のさまざまな地域②」
調査完了！
次へ進もう

7章

日本の諸地域①

日本を地方ごとにくわしく見ていこう。

まずは亜熱帯の地域をふくむ九州地方，それから中国・四国地方だ。噴煙をあげる火山や，小島の多い海に建物が見えるぞ。

九州地方，中国・四国地方を調査しよう。

中国・四国地方

厳島神社（広島県）

九州地方

桜島（鹿児島県）

ステージ 31

九州地方①

九州地方の自然をおさえよう！

九州地方は火山や台風が多い地域のようだ。九州の地形の特色について調査しなさい。

今ココ！

1 九州地方のすがた

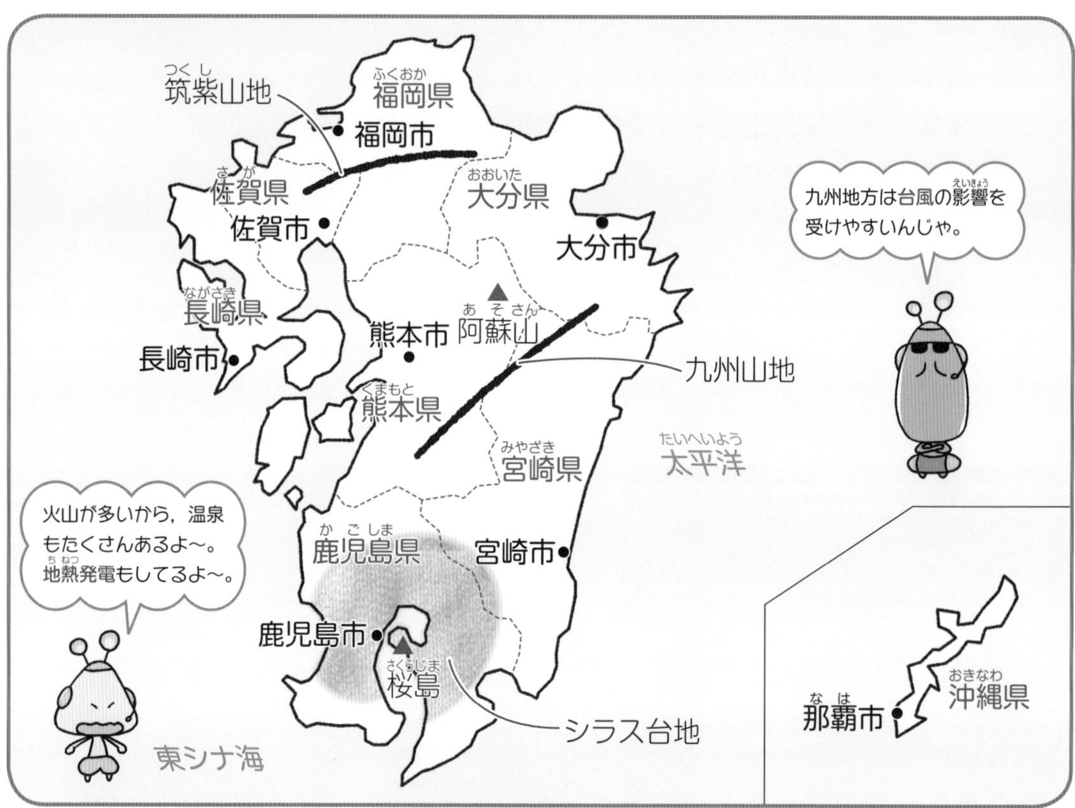
筑紫山地
福岡県
福岡市
佐賀県
佐賀市
大分県
大分市
長崎県
長崎市
熊本市
阿蘇山
九州山地
熊本県
宮崎県
太平洋
鹿児島県
宮崎市
鹿児島市
桜島
シラス台地
東シナ海
沖縄県
那覇市
九州地方は台風の影響を受けやすいんじゃ。
火山が多いから，温泉もたくさんあるよ～。地熱発電もしてるよ～。

調査報告

●九州地方の地形①

多くの火山があります。阿蘇山の**カルデラ**は，世界最大級の大きさです。

カルデラとは，火山の噴火でできた大きな円形のくぼ地のことですな。

●九州地方の地形②

九州地方南部には，火山の噴出物が積み重なってできた，**シラス台地**が広がっています。

鹿児島県の桜島は，たびたび噴火しているぞ。

●南西諸島の自然

沖縄県などの**南西諸島**は，一年を通して気温が高い**亜熱帯**の地域です。

さんご礁が見られるあたたかい海が広がっています。

月　日

解いてみよう！

解答 p.11

1 九州地方の自然について，地図中の□に入る語句を書きましょう。

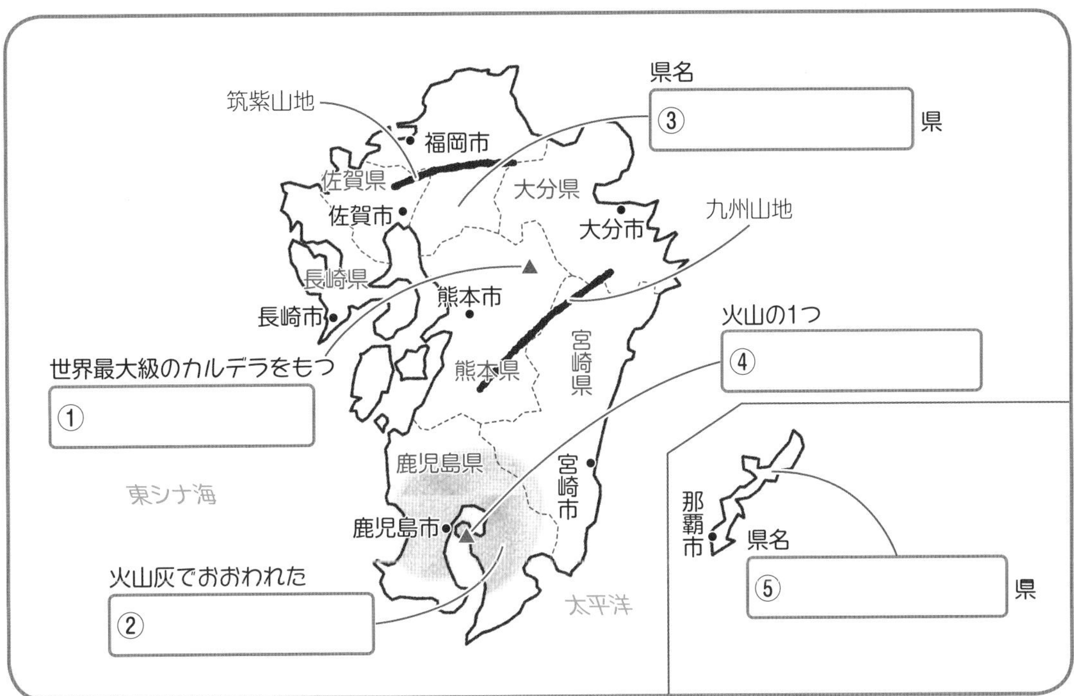
筑紫山地
福岡市
佐賀県
佐賀市
大分県
大分市
県名
③　県
九州山地
長崎県
長崎市
熊本市
熊本県
宮崎県
火山の1つ
④
世界最大級のカルデラをもつ
①
東シナ海
鹿児島県
宮崎市
鹿児島市
那覇市
県名
⑤　県
火山灰でおおわれた
②
太平洋

2 次の□にあてはまる語句を，下の□の中から選びましょう。

(1) 噴火でできた阿蘇山の□は世界最大級の大きさです。

(2) 九州地方は火山の熱を利用した，□発電がさかんです。

(3) 南西諸島は，一年を通して気温が高い□の気候です。

(4) 南西諸島の地域では，□が見られる海が広がっています。

亜熱帯　地熱　カルデラ　さんご礁

コレだけ！

□ シラス台地　□ カルデラ　□ さんご礁

31
32
33
34

ステージ 32

九州地方②

九州地方の産業をおさえよう！

九州地方は農業がさかんなようだ。工業も重工業の始まりの地と言われている。調査しなさい。

今ココ！

1 九州地方の農業

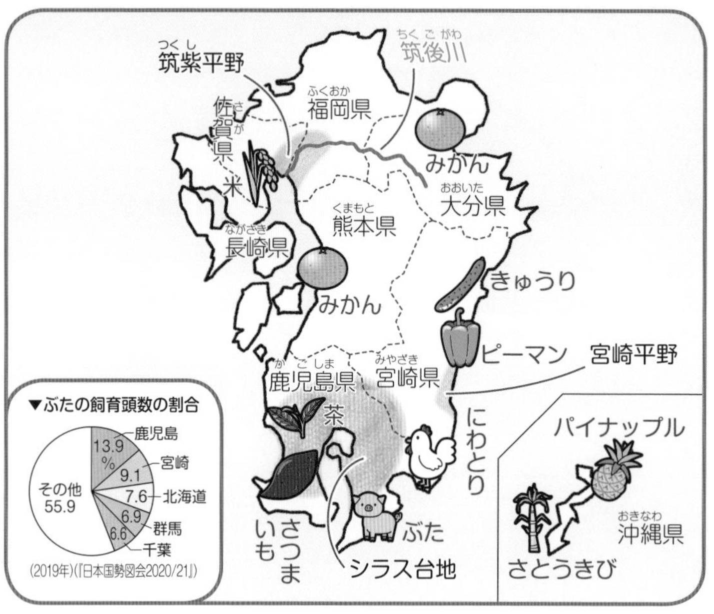

筑紫平野
筑後川
佐賀県
福岡県
米
みかん
大分県
熊本県
長崎県
みかん
きゅうり
ピーマン
宮崎平野
鹿児島県
宮崎県
茶
にわとり
ぶた
いさつま
シラス台地
パイナップル
沖縄県
さとうきび
▼ぶたの飼育頭数の割合
鹿児島 13.9%
宮崎 9.1
北海道 7.6
群馬 6.9
千葉 6.6
その他 55.9
(2019年)(「日本国勢図会2020/21」)

調査報告

●農業の特色

宮崎平野では，温暖な気候を利用した**促成栽培**がさかんです。

九州南部のシラス台地では，ぶたやにわとりなどの**畜産業**がさかんです。

促成栽培は，ビニールハウスで生産し，出荷の時期を早めるんでしたな。

2 九州地方の工業

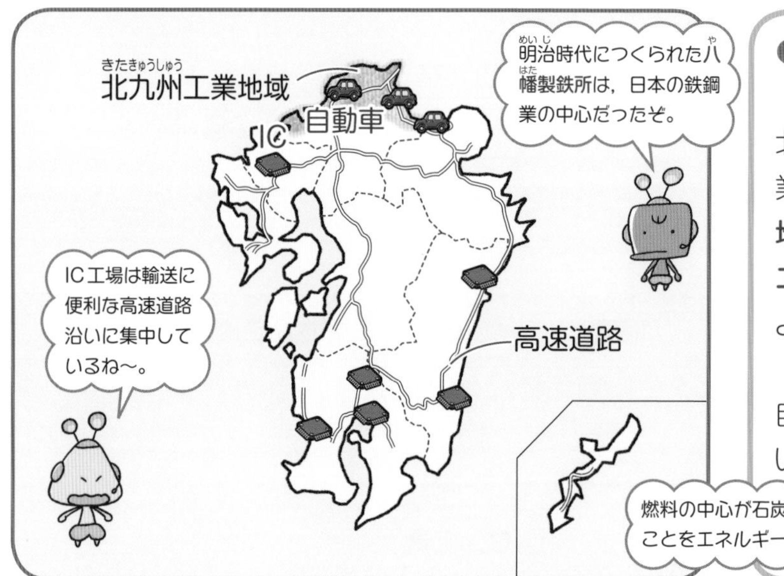

北九州工業地域
IC
自動車
明治時代につくられた八幡製鉄所は，日本の鉄鋼業の中心だったぞ。
IC工場は輸送に便利な高速道路沿いに集中しているね〜。
高速道路

●工業の特色

九州の工業は，九州北部の石炭採掘と鉄鋼業をもとに**北九州工業地域**が発展しましたが，**エネルギー革命**などによりおとろえました。

近年は，**IC工場**や自動車工場が進出しています。

燃料の中心が石炭から石油にかわったことをエネルギー革命というんじゃ。

月　日

解いてみよう！

解答 p.11

1 次の□にあてはまる語句を，下の[　]の中から選びましょう。

(1) 筑紫平野では，［　　　　］がさかんです。

(2) シラス台地では，ぶたやにわとりなどの［　　　　］がさかんです。

(3) 宮崎平野では，野菜などを早い時期に出荷する［　　　　］が行われています。

(4) 九州地方の空港や高速道路沿いには，［　　　　］が進出しています。

IC 工場　　畜産業　　稲作　　促成栽培

2 次の問いに答えましょう。

(1) 九州北部で，鉄鋼業を中心に発達した工業地域を何といいますか。

［　　　　］

(2) 促成栽培がさかんな，九州地方にある平野を何といいますか。

［　　　　］

(3) 右のグラフはぶたの都道府県別の飼育頭数の割合を示しています。Xの県はどこですか。次から選んで，記号を書きましょう。

［　　　　］

ア 福岡　　**イ** 長崎　　**ウ** 鹿児島

X
13.9%
宮崎
9.1
北海道
7.6
群馬
6.9
千葉
6.6
その他
55.9

(2019年)（『日本国勢図会2020/21』）

(4) エネルギー源の中心が石炭から石油にかわったことを何といいますか。

［　　　　］

コレだけ！

□ 促成栽培　　□ 畜産業　　□ エネルギー革命　　□ IC 工場

ステージ 33

中国・四国地方①

中国・四国地方の自然をおさえよう！

中国・四国地方は２つの山地によって３つの気候に分けられるようだ。それぞれ調査しなさい。

今ココ！

1 中国・四国地方のすがた

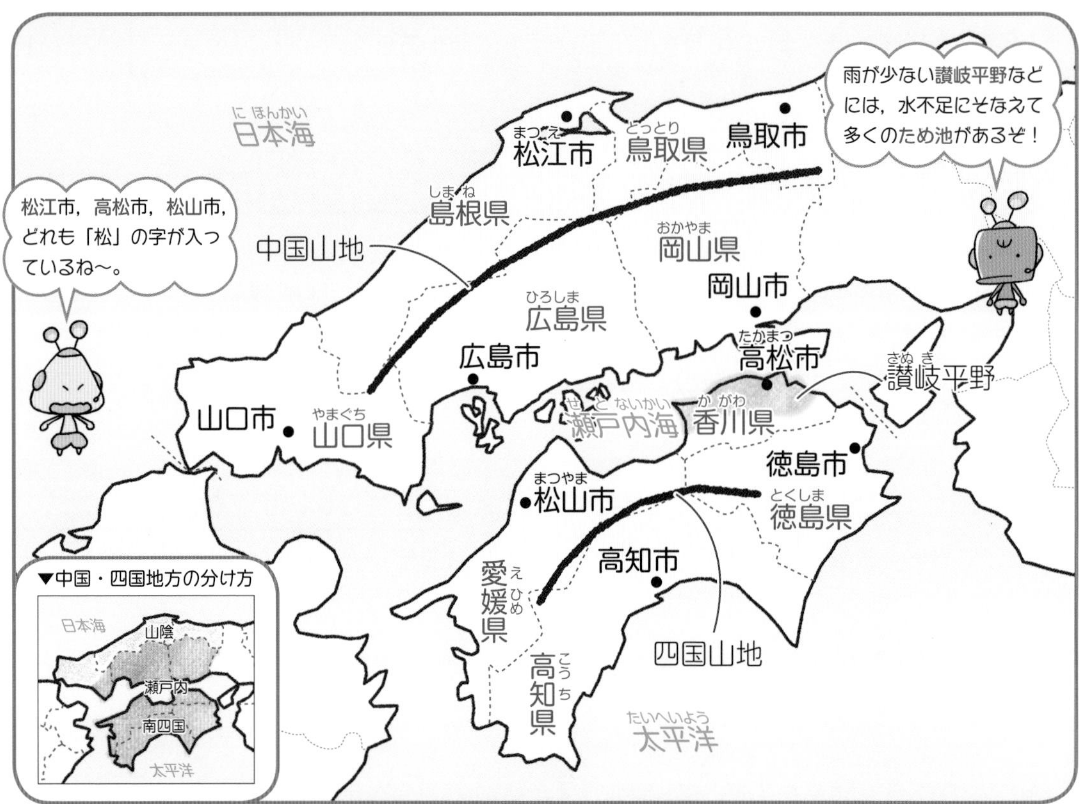
日本海
松江市
鳥取県
鳥取市
島根県
中国山地
岡山県
岡山市
広島県
広島市
高松市
讃岐平野
山口市
山口県
瀬戸内海
香川県
徳島市
松山市
徳島県
高知市
愛媛県
四国山地
高知県
太平洋
雨が少ない讃岐平野などには，水不足にそなえて多くのため池があるぞ！
松江市，高松市，松山市，どれも「松」の字が入っているね〜。
▼中国・四国地方の分け方
日本海
山陰
瀬戸内
南四国
太平洋

調査報告

中国・四国地方の区分

中国山地の北側の**山陰**，瀬戸内海に面した**瀬戸内**，四国山地の南側の**南四国**の３つに分けられます。

中国山地の南側の中国地方を山陽ということもあるのじゃ。

中国・四国地方の気候

瀬戸内は晴天の日が多く，雨が少ないのです。

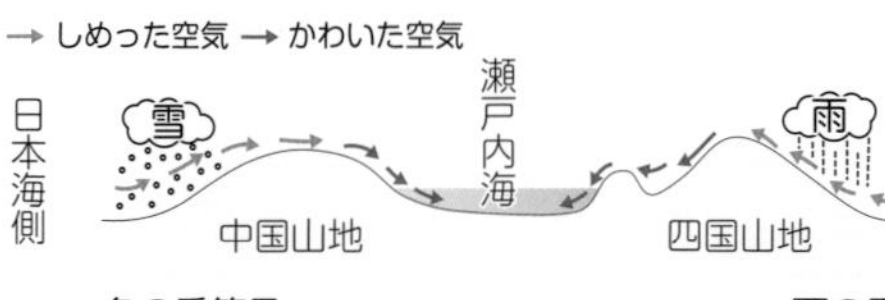
→ しめった空気 → かわいた空気
日本海側
雪
中国山地
瀬戸内海
四国山地
雨
太平洋側
冬の季節風
夏の季節風

日本海側は，冬にふく**北西の季節風**の影響で，雪や雨が多いです。

太平洋側は，夏にふく**南東の季節風**の影響で，雨が多いです。

解いてみよう！

解答 p.11

1 中国・四国地方の自然について，地図中の［　］に入る語句を書きましょう。

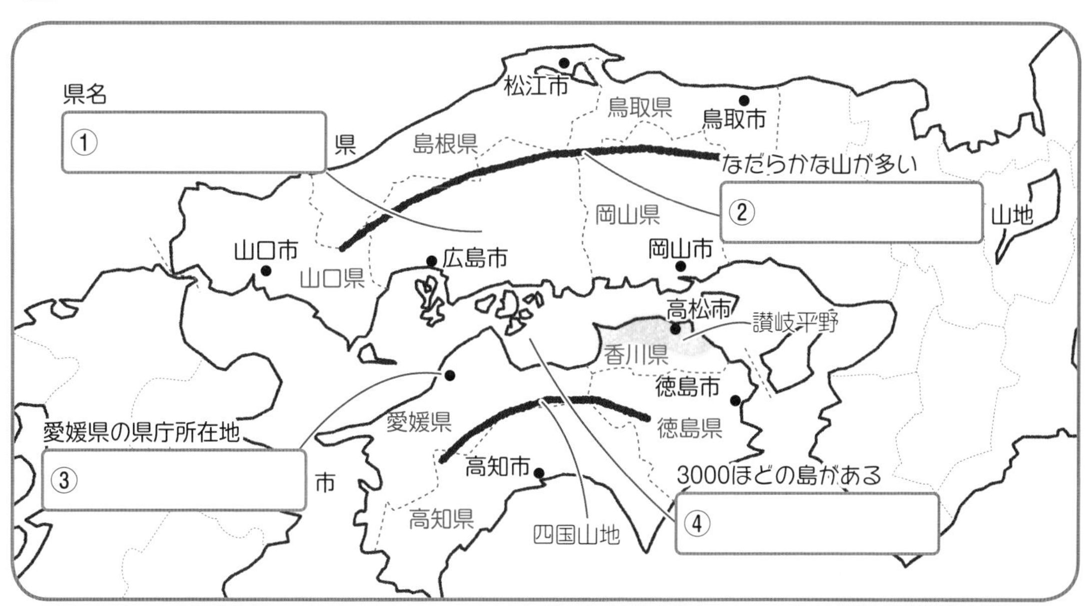
県名
①
県
松江市
鳥取県
鳥取市
島根県
なだらかな山が多い
②
山地
岡山県
山口市
広島市
岡山市
山口県
高松市
讃岐平野
香川県
徳島市
愛媛県の県庁所在地
愛媛県
徳島県
③
市
高知市
3000ほどの島がある
高知県
四国山地
④

2 次の［　］にあてはまる語句を，下の［　］の中から選びましょう。

(1) 中国・四国地方は［　　　　］・瀬戸内・南四国の３つに分けられます。

(2) 中国・四国地方は，［　　　　］の影響で，日本海側では冬に雪や雨が多く，太平洋側では夏に雨が多くなります。

(3) 讃岐平野では，水不足にそなえて，［　　　　］がつくられてきました。

(4) 島根県の県庁所在地は［　　　　］市です。

松江　　山陰　　季節風　　ため池

コレだけ！

☐ 季節風　　☐ 山陰・瀬戸内・南四国　　☐ ため池

31

32

33
34

ステージ 34

中国・四国地方②

中国・四国地方の産業をおさえよう!

中国・四国地方は気候を利用した農業や，重化学工業がさかんなようだ。それぞれ調査しなさい。

今ココ!

1 中国・四国地方の農業と工業

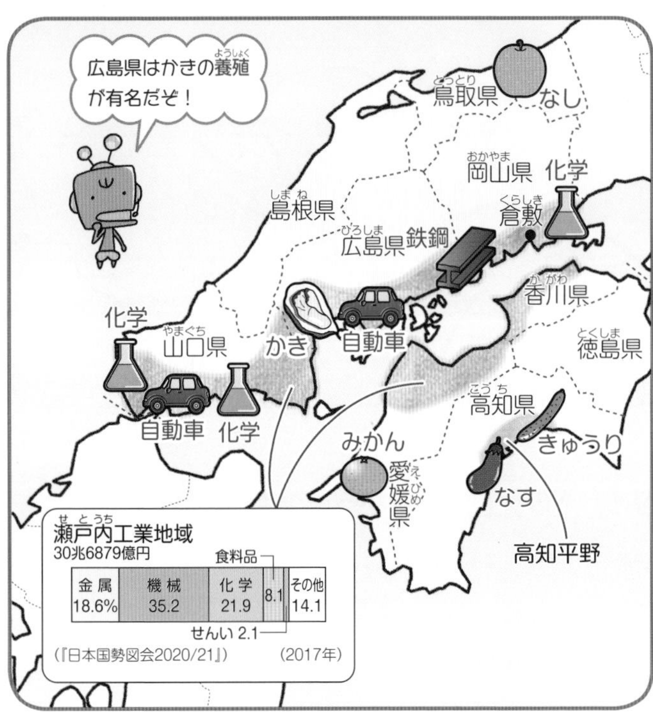

広島県はかきの養殖が有名だぞ!
鳥取県
なし
岡山県
化学
島根県
倉敷
広島県
鉄鋼
香川県
化学
山口県
かき
自動車
徳島県
高知県
自動車
化学
みかん
きゅうり
愛媛県
なす
高知平野
瀬戸内工業地域
30兆6879億円
食料品
金属 18.6%
機械 35.2
化学 21.9
8.1
その他 14.1
せんい 2.1
(『日本国勢図会2020/21』)
(2017年)

調査報告

●農業の特色

高知平野では，きゅうりやなすなどの**促成栽培**がさかんです。

宮崎県でも促成栽培を行っていましたな。

●工業の特色

瀬戸内工業地域は**重化学工業**がさかんです。倉敷市水島などに**石油化学コンビナート**が建設されました。

コンビナートでは，関連工場がパイプラインで結ばれて，効率よく生産されてるよ〜。

2 人口のかたよりと交通網の発達

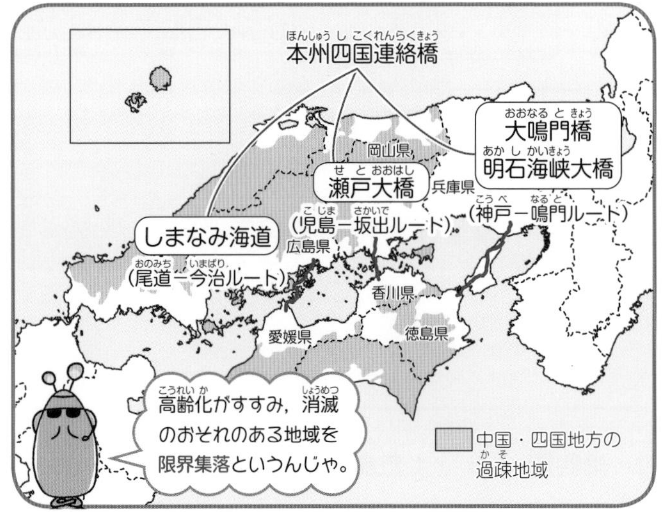

本州四国連絡橋
大鳴門橋
明石海峡大橋
岡山県
瀬戸大橋
兵庫県
(児島－坂出ルート)
(神戸－鳴門ルート)
しまなみ海道
広島県
(尾道－今治ルート)
香川県
愛媛県
徳島県
高齢化がすすみ，消滅のおそれのある地域を限界集落というんじゃ。
中国・四国地方の過疎地域

●人口のかたより

瀬戸内海沿岸は都市部の**過密**，山間部では人口流出と高齢化による**過疎**がすすんでいます。

●人の動きの変化

本州四国連絡橋の開通で，本州と四国の移動時間は大はばに短縮されました。

解いてみよう！

解答 p.11

1 次の［　　］にあてはまる語句を，下の［　　］の中から選びましょう。

(1) 四国の［　　　　］では，なすやきゅうりの促成栽培がさかんです。

(2) 広島県では，かきの［　　　　］がさかんです。

(3) 愛媛県は［　　　　］の栽培がさかんで，全国で２位の生産量です。

(4) 瀬戸内工業地域には［　　　　］が建設され，さまざまな工場が集まっています。

石油化学コンビナート　養殖　高知平野　みかん

2 次の問いに答えましょう。

(1) 右のグラフは瀬戸内工業地域の工業生産額の割合のグラフです。Xにあてはまる工業を次から１つ選んで，語句を書きましょう。
（金属　機械　化学　食料品）

瀬戸内工業地域

18.6%	35.2	X 21.9	8.1	せんい 2.1	その他 14.1

（2017年）
（『日本国勢図会2020/21』）

［　　　　］

(2) 本州四国連絡橋のうち，岡山県と香川県を結ぶ橋を何といいますか。

［　　　　］

(3) 山陰（さんいん）や南四国（みなみしこく）ですすんでいる，人口流出と高齢化により，地域社会がおとろえる現象を何といいますか。

［　　　　］

(4) 高齢化が進み，消滅のおそれのある地域を何といいますか。

［　　　　］

コレだけ！

□ 石油化学コンビナート　□ 過疎　□ 本州四国連絡橋

確認テスト

解答 p.12

/100点

1 次の問いに答えましょう。（5点×4）

ステージ 31

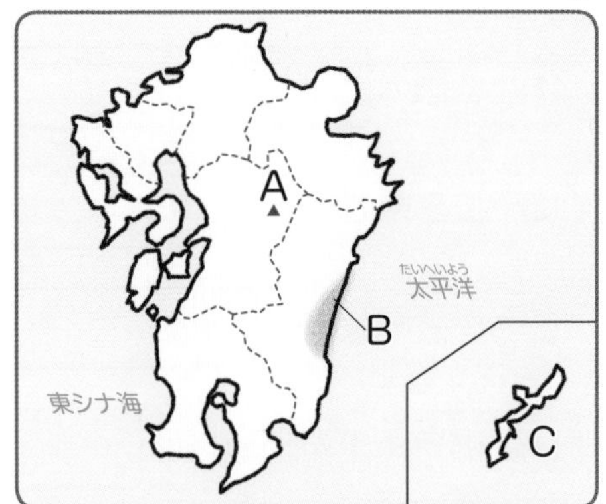
A
太平洋（たいへいよう）
B
東シナ海
C

(1) 地図中のAの山とBの平野を何といいますか。

A

B

(2) Aの山に見られる，噴火（ふんか）によってできた大きなくぼ地を何といいますか。

(3) C県の県庁所在地を何といいますか。

2 次の問いに答えましょう。（5点×6）

ステージ 32

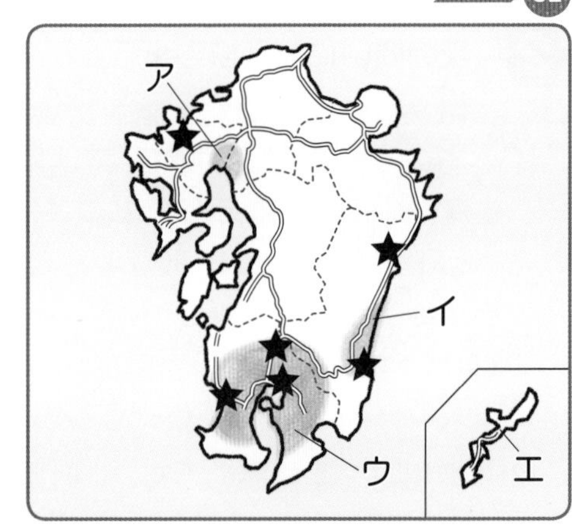
ア
イ
ウ
エ

(1) 次の①～④がさかんな地域を，地図中から１つずつ選んで，記号を書きましょう。

① ② ③ ④

① 畜産業（ちくさん）　② 稲作（いなさく）
③ さとうきび栽培（さいばい）
④ 野菜の促成（そくせい）栽培

(2) エネルギー革命後に中心となった燃料を，次から１つ選んで，記号を書きましょう。

ア 石炭　**イ** 鉄鉱石　**ウ** 石油　**エ** 地熱（ちねつ）

(3) 地図中に★で示した工場を，次から１つ選んで，記号を書きましょう。

ア 自動車組み立て工場
イ オートバイ組み立て工場
ウ 自動車関連工場
エ IC工場

7章
日本の諸地域①

3 次の問いに答えましょう。（6点×5）　ステージ33

⑴ 地図中のXの平野を何といいますか。

⑵ Xの平野にため池が多く見られる理由を，次から１つ選んで，記号を書きましょう。

ア　洪水が起こりやすいので，水量を調節するため。
イ　水不足になりやすいので，雨水をためるため。
ウ　海からくんだ海水を農作業用にためておくため。

⑶ 次の文中の①～③にあてはまる語句を書きましょう。

中国・四国地方は，中国山地の北側の（　①　），四国山地の南側の（　②　），中国山地と四国山地にはさまれた（　③　）の３つに分けられます。

①　　②　　③

4 次の問いに答えましょう。（5点×4）　ステージ34

⑴ 次の①・②にあてはまる県を，地図中のア～エから１つずつ選んで，記号を書きましょう。

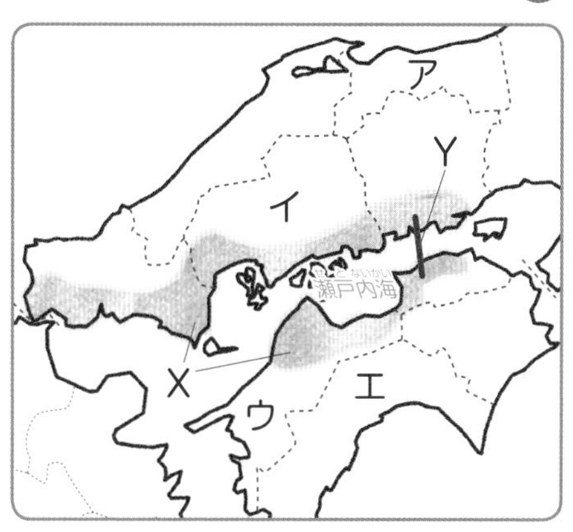
ア
イ
ウ
エ
X
Y
瀬戸内海

①　　②

① 自動車工業やかきの養殖がさかんな県
② みかんの生産が日本有数の県

⑵ 地図中のXの工業地域を何といいますか。

⑶ 本州四国連絡橋のうち，地図中のYの橋の名を，次から１つ選んで，記号を書きましょう。

ア　明石海峡大橋　　イ　瀬戸内しまなみ海道
ウ　瀬戸大橋　　エ　大鳴門橋

調査報告 プラス

●促成栽培と抑制栽培

野菜づくりはいろいろくふうされています。ふつうの栽培よりも早く始めるのを促成栽培，おそく始めるのを抑制栽培といいます。ともに，出荷量が少ない時期に出荷するので，高い値段で売ることができます。

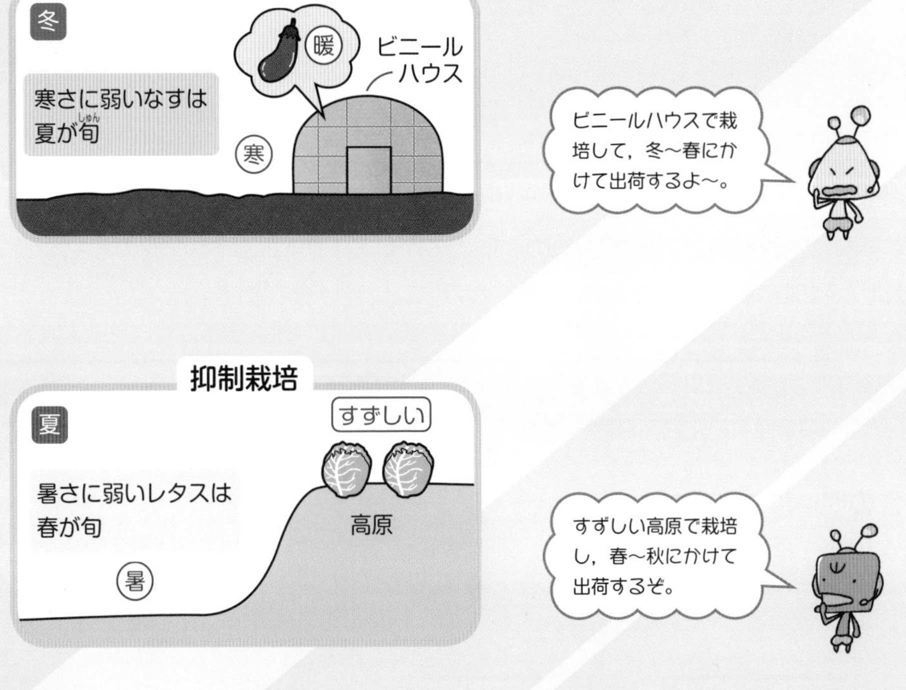

促成栽培
冬
寒さに弱いなすは夏が旬
暖
寒
ビニールハウス
ビニールハウスで栽培して，冬～春にかけて出荷するよ～。
抑制栽培
夏
暑さに弱いレタスは春が旬
すずしい
高原
暑
すずしい高原で栽培し，春～秋にかけて出荷するぞ。

「日本の諸地域①」
調査完了！
次の地域へ進もう

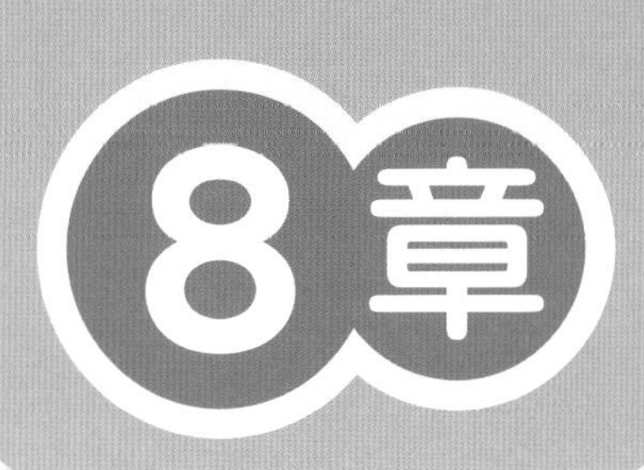
8章

日本の諸地域②

次は，近畿地方と中部地方だ。

大きな湖や歴史的な建物，とても高い山などが見えるぞ。たくさんの工場が集まっていて，工業がさかんな地域も多いようだ。

近畿地方，中部地方を調査しよう。

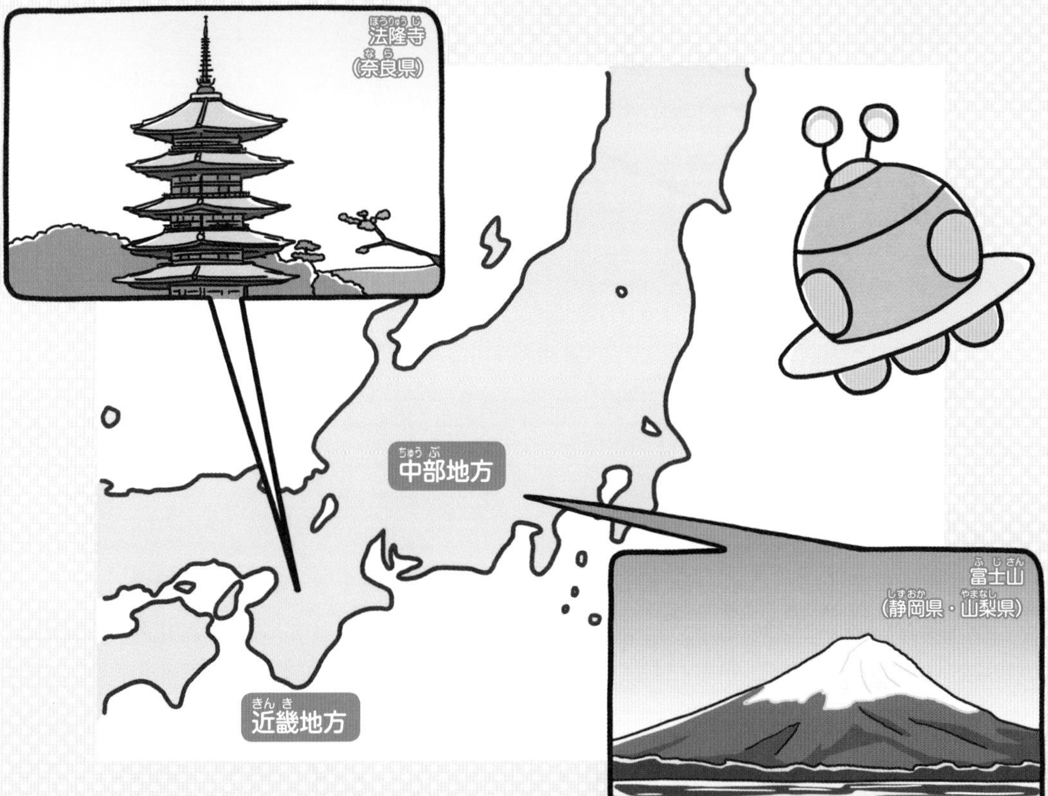

法隆寺（奈良県）

中部地方

近畿地方

富士山（静岡県・山梨県）

ステージ 35

近畿地方①

近畿地方の自然をおさえよう!

近畿地方は日本最大の琵琶湖があり，リアス海岸も見られるようだ。自然や地形を調査しなさい。

今ココ!

1 近畿地方のすがた

リアス海岸
若狭湾
琵琶湖
兵庫県
京都府
滋賀県
京都市
大津市
神戸市
大阪市
大阪府
奈良市
津市
三重県
和歌山市
奈良県
志摩半島
リアス海岸
和歌山県
太平洋
紀伊山地

滋賀県と三重県の県庁所在地は，「津」の字が共通しておるわい。

調査報告

●日本最大の湖

琵琶湖は日本一大きな湖で，近畿地方の水源となっています。

工場廃水が流れこんで赤潮などの環境問題が起こりました。

●海岸と山地の特色

若狭湾と志摩半島には，海岸線が複雑な**リアス海岸**が見られます。南部にはけわしい**紀伊山地**があります。

●気候の特色

北部は**北西の季節風**により雪が多く，南部は**南東の季節風**や**暖流（黒潮）**の影響で雨が多く降ります。

月　日

解いてみよう！

解答 p.12

1 近畿地方の自然について，地図中の□に入る語句を書きましょう。

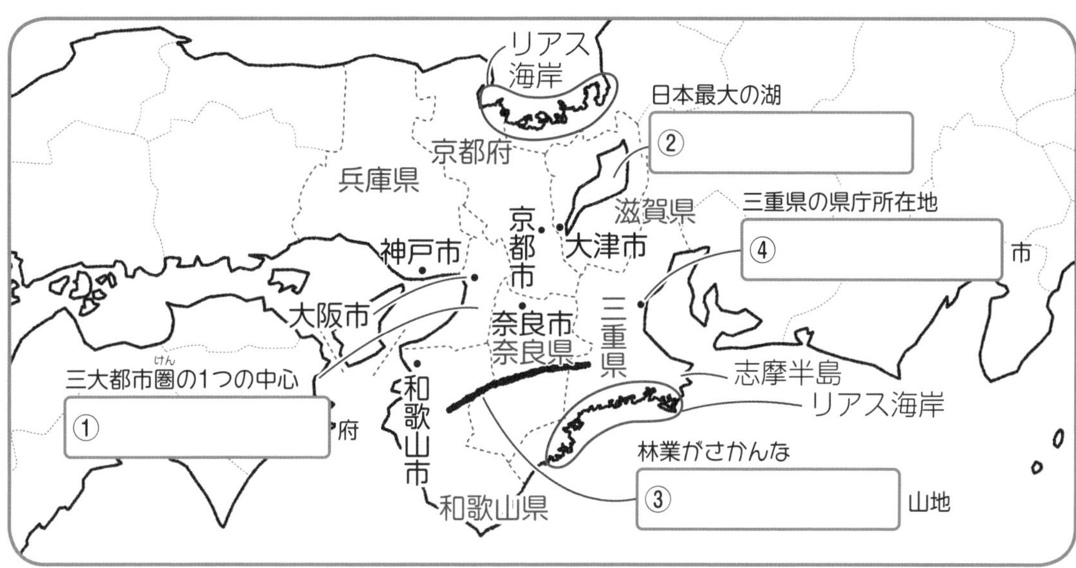

リアス海岸
日本最大の湖
②
京都府
兵庫県
滋賀県
三重県の県庁所在地
④
市
京都市
大津市
神戸市
大阪市
奈良市
奈良県
三重県
志摩半島
リアス海岸
三大都市圏の1つの中心
①
府
和歌山市
林業がさかんな
③
山地
和歌山県

2 次の□にあてはまる語句を，下の□の中から選びましょう。

⑴ 志摩半島や若狭湾は，複雑な海岸線をした□になっています。

⑵ 琵琶湖では，赤潮の発生などの□が起きています。

⑶ 近畿地方の南部は暖流の□の影響で温暖です。

⑷ 近畿地方の北部は□の季節風の影響で雪が多く降ります。

⑸ 滋賀県の県庁所在地は□市です。

大津　環境問題　リアス海岸　黒潮　北西

☐ **琵琶湖**　☐ **リアス海岸**　☐ **紀伊山地**

ステージ 36

近畿地方②

近畿地方の産業をおさえよう！

近畿地方はかつて都がおかれていた場所のようだ。近畿地方の産業と文化を調査しなさい。

今ココ！

1 近畿地方の農業と工業

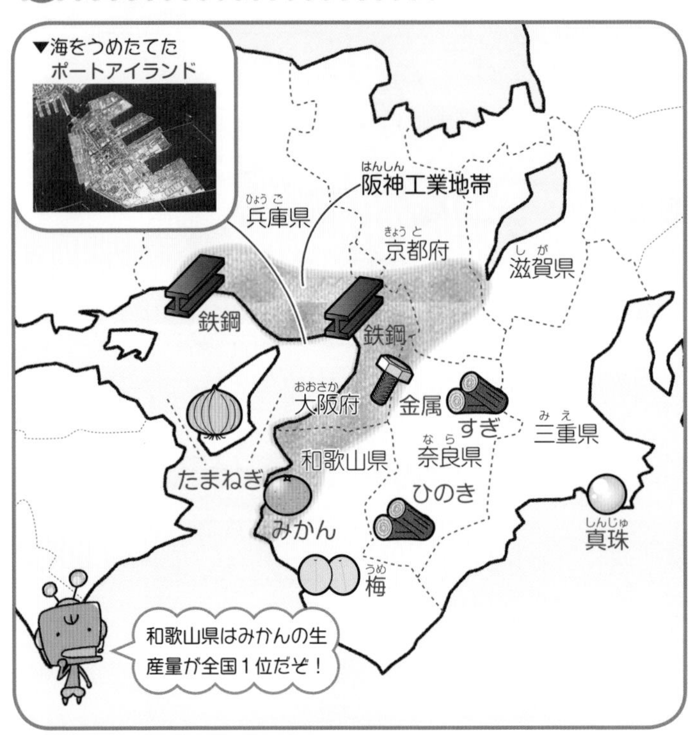

▼海をうめたてたポートアイランド
阪神工業地帯
兵庫県
京都府
滋賀県
鉄鋼
鉄鋼
大阪府
金属
すぎ
三重県
奈良県
和歌山県
たまねぎ
ひのき
みかん
真珠
梅
和歌山県はみかんの生産量が全国1位だぞ！

調査報告

●**農業の特色**

大阪府や京都府の周辺では，**近郊農業**がさかんです。

紀伊山地では林業がさかんね～。

●**工業の特色**

阪神工業地帯は明治時代以降，軽工業から重化学工業へと発展しました。現在は生産がのびなやんでいます。

2 古くから伝わる文化

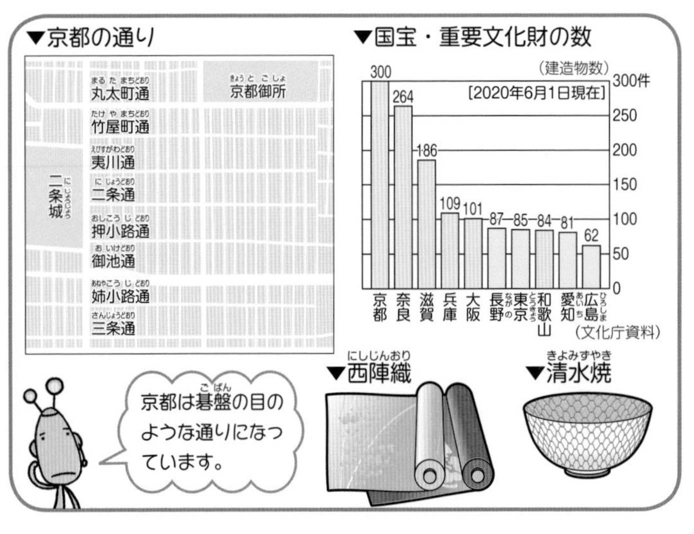

▼京都の通り
丸太町通
京都御所
竹屋町通
夷川通
二条城
二条通
押小路通
御池通
姉小路通
三条通
▼国宝・重要文化財の数
(建造物数)
[2020年6月1日現在]
300件
250
200
150
100
50
0
300 京都
264 奈良
186 滋賀
109 兵庫
101 大阪
87 長野
85 東京
84 和歌山
81 愛知
62 広島
(文化庁資料)
▼西陣織
▼清水焼
京都は碁盤の目のような通りになっています。

●**伝統文化**

京都や奈良には長い歴史のなごりが，町並みや文化財などに見られます。

西陣織や清水焼などの**伝統的工芸品**は，現在も受け継がれています。

多くの文化財が，世界遺産に登録されているんじゃ。

月　日

解いてみよう！

解答 p.12

1 次の□にあてはまる語句を，下の[ ]の中から選びましょう。

(1) 兵庫県神戸(こうべ)市には，海をうめたてた［　　　］という人工島があります。

(2) 和歌山県は［　　　］の生産量が全国１位です。

(3) 紀伊(きい)山地ではすぎやひのきなどを生産する［　　　］がさかんです。

(4) 歴史が長い京都と奈良にある多くの文化財は，［　　　］に登録されています。

林業　　みかん　　世界遺産　　ポートアイランド

2 次の問いに答えましょう。

(1) 大阪と神戸を中心に広がる工業地帯を何といいますか。

［　　　］

(2) 近畿地方で，都市部の大消費地向けの農産物を生産する農業を何といいますか。

［　　　］

(3) 京都の西陣織など，古くから受け継がれてきた手工業品を何といいますか。

［　　　］

(4) 右は国宝・重要文化財の建造物数をグラフにしたものです。Xにあてはまる都道府県名を書きましょう。

［　　　］

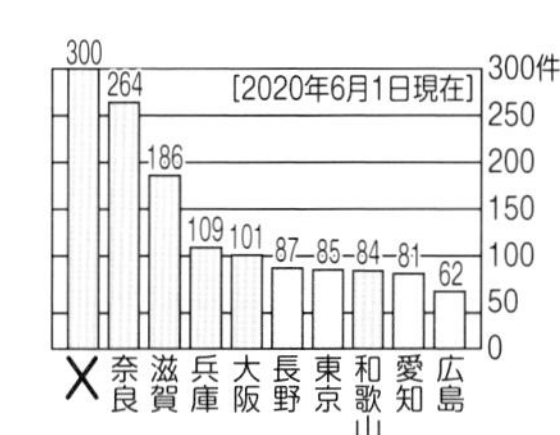

[2020年6月1日現在]
300件
250
200
150
100
50
0
300
264
186
109
101
87
85
84
81
62
X
奈良
滋賀
兵庫
大阪
長野
東京
和歌山
愛知
広島

コレだけ！

☐ 阪神工業地帯　☐ ポートアイランド　☐ 伝統的工芸品

35　36　37　38

ステージ 37

中部地方①

中部地方の自然をおさえよう！

中部地方は自然環境のちがいで大きく3つに分けられるようだ。地形や気候を調査しなさい。

今ココ！

1 中部地方のすがた

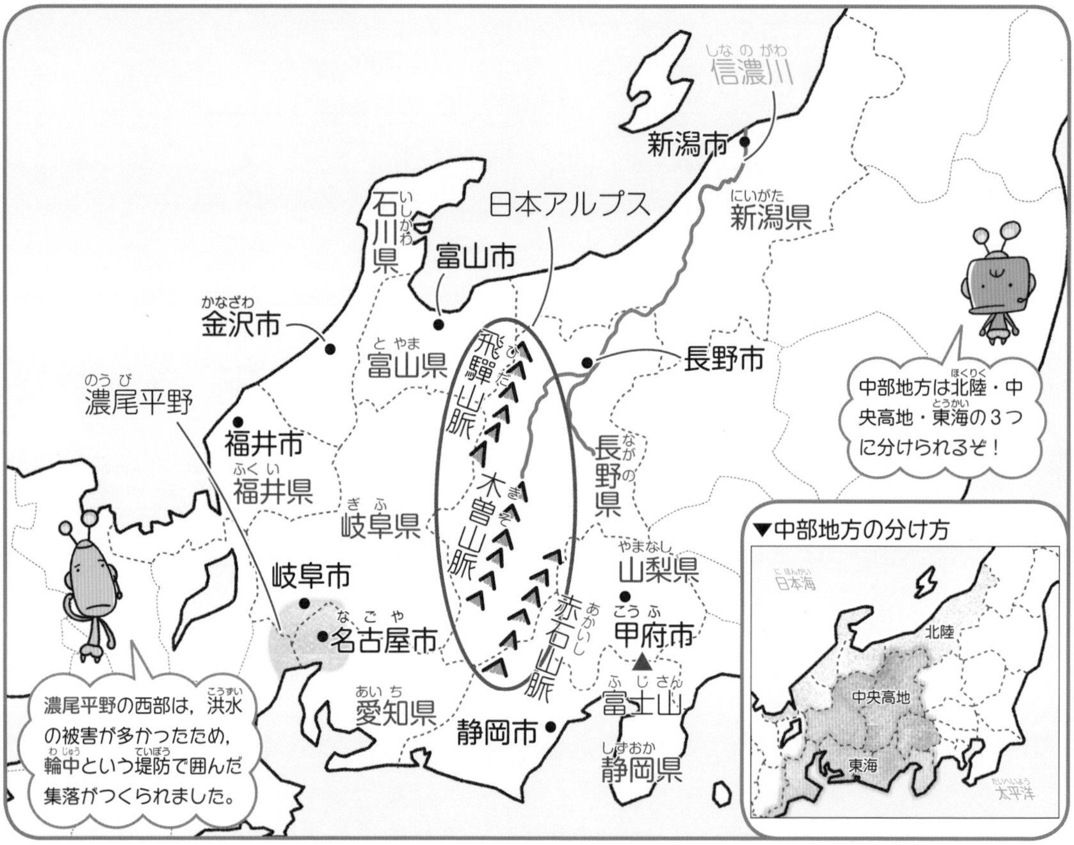

信濃川
新潟市
新潟県
日本アルプス
石川県
富山市
金沢市
富山県
飛騨山脈
長野市
濃尾平野
福井市
福井県
長野県
岐阜県
木曽山脈
岐阜市
山梨県
赤石山脈
名古屋市
甲府市
富士山
愛知県
静岡市
静岡県

中部地方は北陸・中央高地・東海の3つに分けられるぞ！

濃尾平野の西部は，洪水の被害が多かったため，輪中という堤防で囲んだ集落がつくられました。

▼中部地方の分け方

日本海
北陸
中央高地
東海
太平洋

調査報告

●高い山々

中央には3000m級の飛騨・木曽・赤石山脈があり，**日本アルプス**とよばれます。

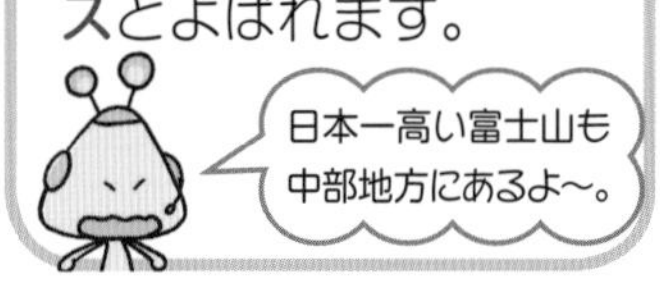

日本一高い富士山も中部地方にあるよ〜。

●3つの地域の気候の特色

日本海側の**北陸**は，季節風の影響で冬に雪が多く降ります。

内陸の**中央高地**は，標高が高く，夏と冬，昼と夜の気温差が大きくなります。

太平洋側の**東海**は，夏に雨が多く降り，冬は乾燥します。

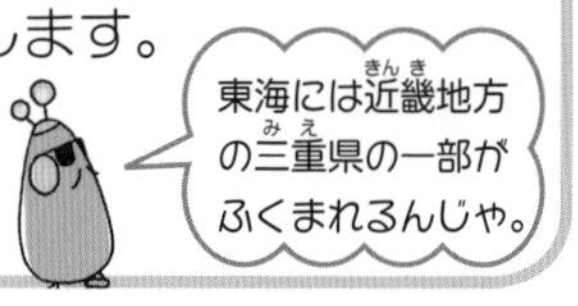

東海には近畿地方の三重県の一部がふくまれるんじゃ。

解いてみよう！

解答 p.12

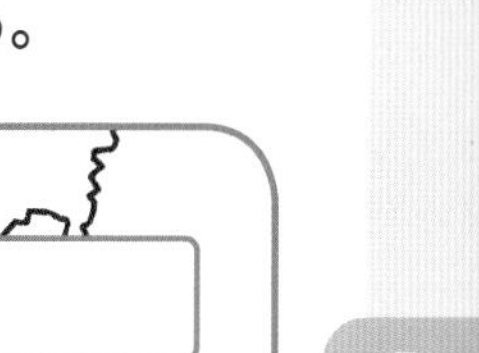
8章
日本の諸地域②

1 中部地方の自然について，地図中の［　　］に入る語句を書きましょう。

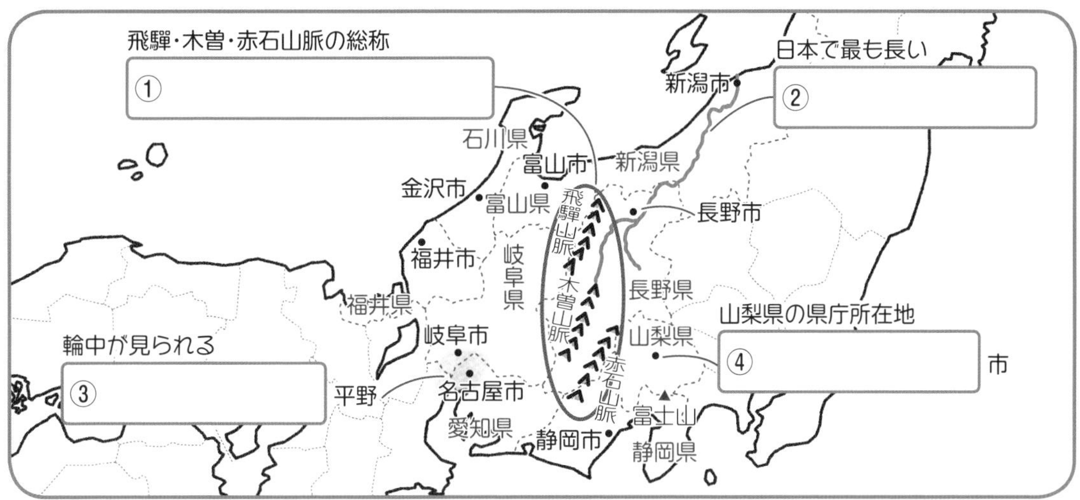
飛騨・木曽・赤石山脈の総称
①
日本で最も長い
②
新潟市
石川県
富山市
新潟県
金沢市
富山県
飛騨山脈
長野市
福井市
岐阜県
木曽山脈
長野県
福井県
山梨県の県庁所在地
輪中が見られる
岐阜市
山梨県
③
④
市
平野
名古屋市
赤石山脈
富士山
愛知県
静岡市
静岡県

2 次の［　　］にあてはまる語句を，下の［　　］の中から選びましょう。

(1) 中部地方を３つに分けると，日本海側は［　　　　］といいます。

(2) 中部地方を３つに分けると，太平洋側は［　　　　］といいます。

(3) 中部地方の内陸側で雨の少ない地域を［　　　　］といいます。

(4) 洪水（こうずい）の被害が多かった濃尾平野の西部では，［　　　　］という堤防に囲まれた集落がつくられてきました。

(5) 石川県の県庁所在地は［　　　　］市です。

輪中　　金沢　　北陸　　東海　　中央高地

コレだけ！

☐ 日本アルプス　☐ 信濃川　☐ 北陸・中央高地・東海

35

36

37
38

ステージ 38

中部地方②

中部地方の産業をおさえよう!

中部地方にある工業地帯は日本最大らしい。稲作もさかんなようだ。それぞれ調査しなさい。

今ココ!

1 中部地方の農業

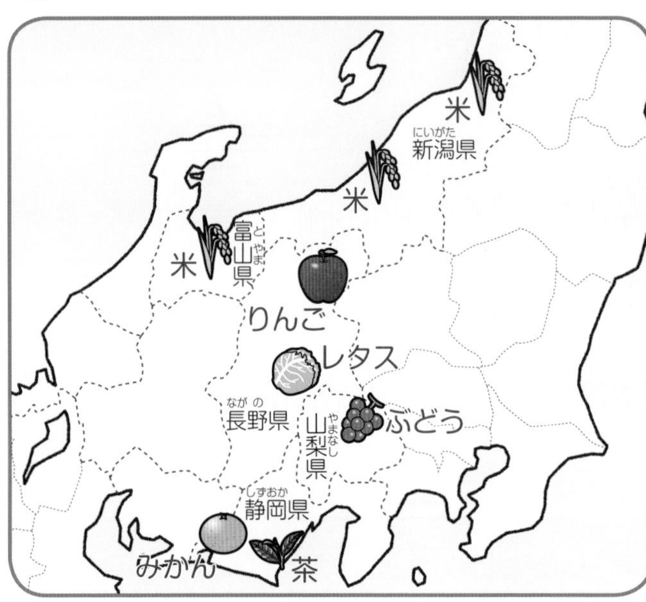

米
新潟県
米
米
富山県
りんご
レタス
長野県
山梨県
ぶどう
静岡県
みかん
茶

調査報告

●農業の特色

北陸は**水田単作**の地域で，稲作がさかんです。

中央高地では**高原野菜**の栽培や，扇状地で**果樹**の栽培がさかんです。

東海では，**施設園芸農業**がさかんです。

高原野菜とは，夏のすずしい気候を利用して栽培されるレタスなどだね～。

2 中部地方の工業

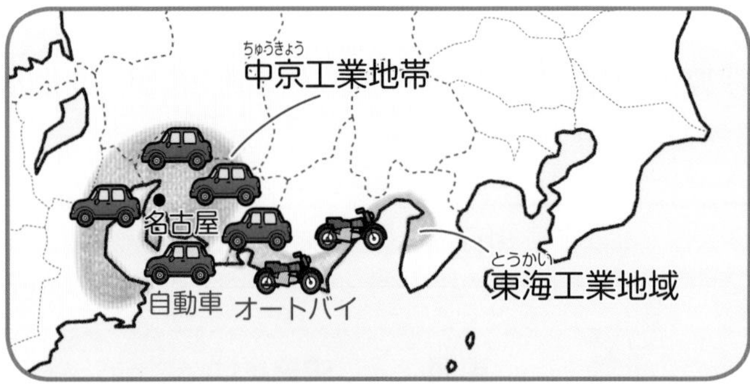

中京工業地帯
名古屋
自動車
オートバイ
東海工業地域

●東海の工業の特色

名古屋市を中心とした**中京工業地帯**は，日本最大の工業地帯です。

自動車などの輸送機械の生産がさかんだぞ。

3 中部地方の伝統的工芸品

地元と結びついてきた産業を地場産業というんじゃ。

▲小千谷ちぢみ　▲輪島塗

●北陸の工業の特色

地元の原料をいかして，織物や漆器などの**伝統的工芸品**が生産されています。

月　日

解いてみよう！

解答 p.13

1 次の□にあてはまる語句を，下の□の中から選びましょう。

(1) 北陸は日本を代表する［　　　］の地域です。

(2) 山梨(やまなし)県では［　　　］の生産が全国１位です。

(3) 愛知(あいち)県名古屋市を中心に広がる［　　　］は，日本最大の工業地帯です。

(4) 東海では温暖な気候を利用した［　　　］がさかんです。

(5) 石川(いしかわ)県では，伝統的工芸品の［　　　］が有名です。

中京工業地帯	輪島塗	ぶどう	施設園芸農業	水田単作

2 中部地方の産業について，次の問いに答えましょう。

(1) 中央高地で夏のすずしい気候を利用して栽培される野菜をまとめて何といいますか。［　　　］

(2) 静岡県を中心に広がる工業地域を何といいますか。［　　　］

(3) 地元の原料をいかし，地域との結びつきが強い産業を何といいますか。［　　　］

(4) 輪島塗や小千谷ちぢみなど，古くから伝わる工芸品を何といいますか。［　　　］

(5) 中京工業地帯で最もさかんな工業を，次から選んで，記号を書きましょう。
ア　自動車工業　　イ　せんい工業　　ウ　金属工業　［　　　］

コレだけ！

☐ 中京工業地帯　☐ 東海工業地域　☐ 伝統的工芸品

35　36　37　38

確認テスト

解答 p.13

/100点

1 次の問いに答えましょう。（5点×4）

ステージ 35

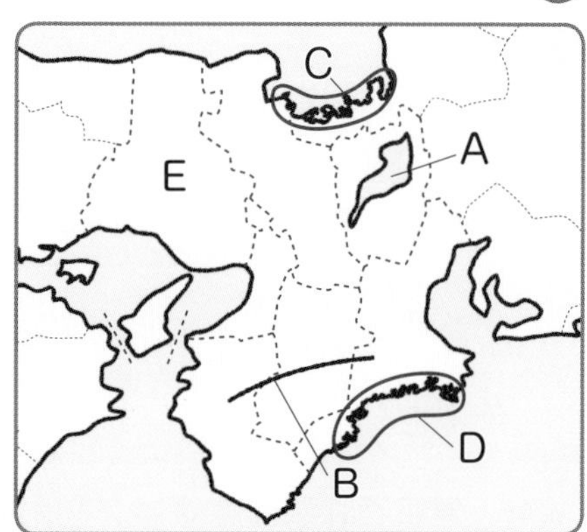
C
A
E
B
D

⑴ 地図中のAの湖とBの山地を何といいますか。

A

B

⑵ CやDに見られる，のこぎりの歯のような複雑な海岸を何といいますか。

⑶ E県の県庁所在地を，次から１つ選んで，記号を書きましょう。

ア 大津市　イ 神戸市　ウ 津市　エ 和歌山市

2 次の問いに答えましょう。（6点×5）

ステージ 36

⑴ 大阪大都市圏など，都市部へ向けて都市周辺で農産物を生産する農業を何といいますか。

⑵ 地図中のXの工業地帯を何といいますか。

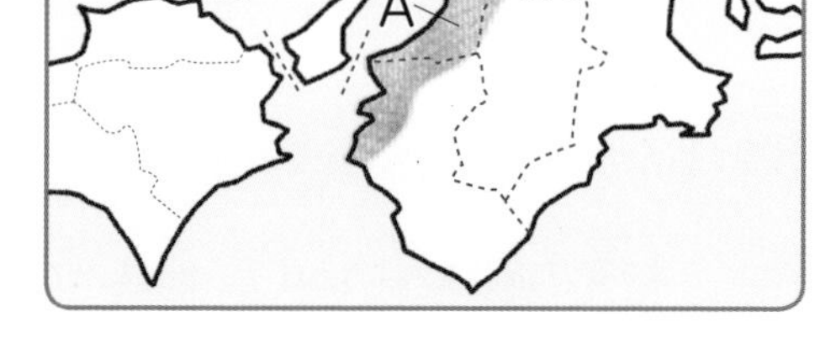

⑶ 次の文中の①・②にあてはまる語句を，下から１つずつ選んで，記号を書きましょう。また，①の府県の位置を，地図中のA～Dから１つ選んで，記号を書きましょう。

> 古くから都がおかれた（　①　）は，長い歴史をもち，国宝・重要文化財の数が全国１位です。伝統的工芸品として（　②　）や清水焼がつくられています。

①　②

位置

ア 奈良　イ 京都　ウ 大阪　エ 兵庫　オ 輪島塗　カ 西陣織

3 次の問いに答えましょう。（5点×5）

ステージ 37

⑴ 地図中の**X**の川を何といいますか。

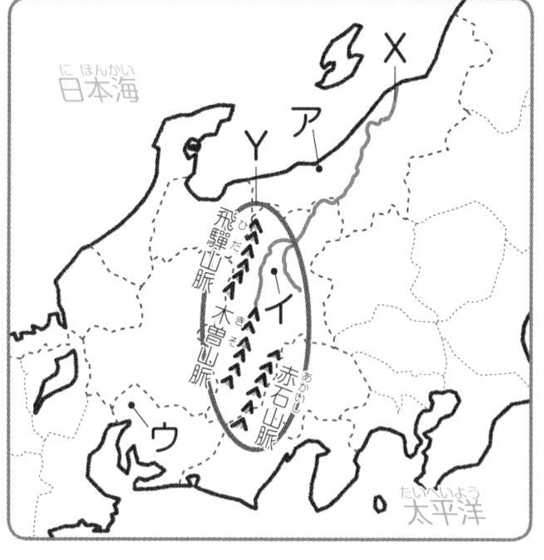
日本海
X
ア
Y
飛驒山脈
木曽山脈
イ
赤石山脈
ウ
太平洋

⑵ 地図中の**Y**の山脈をまとめて何といいますか。

⑶ 右下の雨温図にあてはまる都市を，地図中の**ア**～**ウ**から１つずつ選んで，記号を書きましょう。

①
②
③

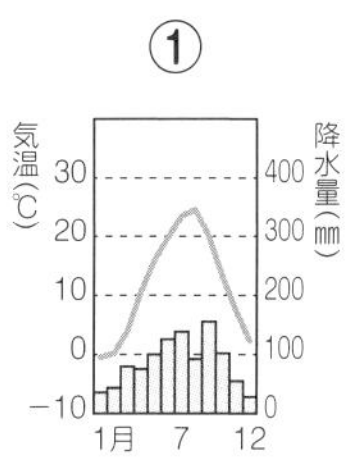
①
気温(℃)
降水量(mm)
30
20
10
0
−10
400
300
200
100
0
1月
7
12

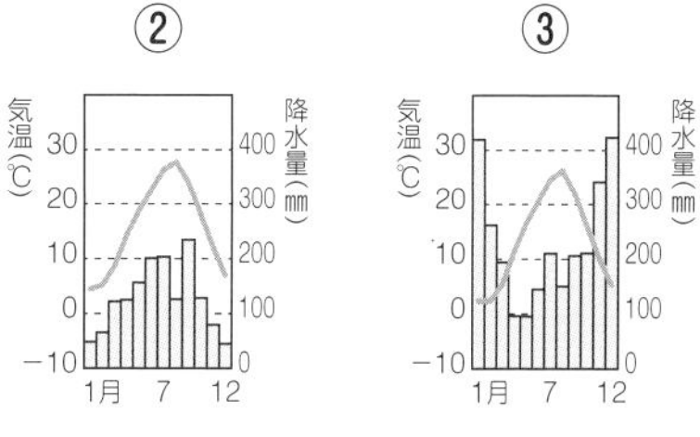
②
③
気温(℃)
降水量(mm)
30
20
10
0
−10
400
300
200
100
0
1月
7
12

4 次の問いに答えましょう。（5点×5）

ステージ 38

⑴ 次の①～③にあてはまる県を，地図中の**ア**～**ウ**から１つずつ選んで，記号を書きましょう。

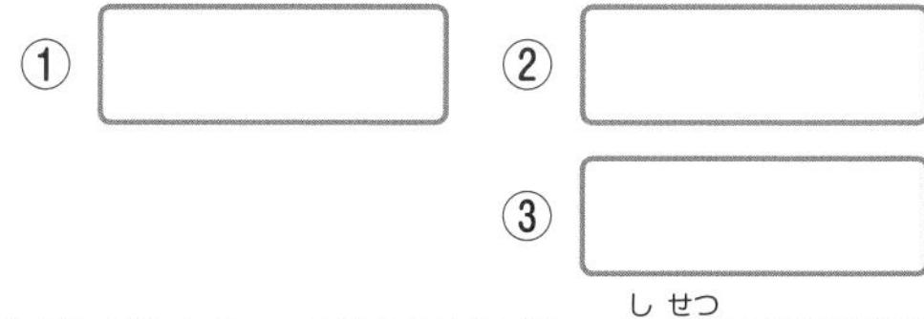
①
②
③

① 茶の生産が日本一の県であり，施設園芸農業もさかん。
② 水田単作による稲作がさかん。
③ 高原野菜の栽培や，りんごの栽培がさかん。

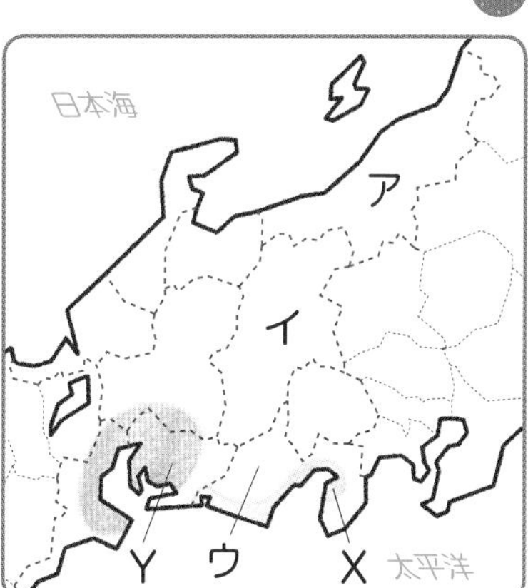
日本海
ア
イ
Y
ウ
X
太平洋

⑵ 地図中の**X**・**Y**の工業地帯（地域）の組み合わせとして正しいものを，次から１つ選んで，記号を書きましょう。

ア　X…東海工業地域　Y…阪神工業地帯
イ　X…東海工業地域　Y…中京工業地帯
ウ　X…中京工業地帯　Y…阪神工業地帯
エ　X…中京工業地帯　Y…東海工業地域

⑶ 地元の原料をいかし，地域との結びつきが強い産業を何といいますか。

調査報告 プラス

●京都の町づくり

平安時代に都がおかれた京都には，歴史的な町並みが残されています。しかし，近年ではビルやマンションが建てられるなど，歴史的景観が失われつつあるため，景観を守る取り組みが行われています。

京都市は，建物の高さや形を制限したり，外観の修理に補助金を出したりして，町並みを守る取り組みを続けているんだぞ。

電線が地中にうめられたんだね～。

京都の町の変化

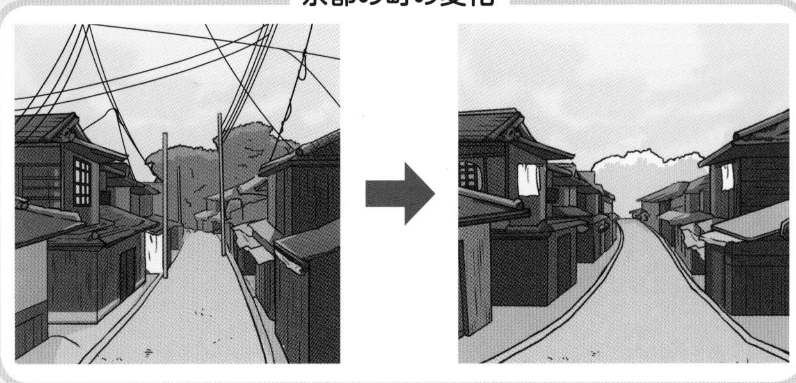

京都の歴史と伝統を守りたいという人々の願いの表れじゃな。

「日本の諸地域②」
調査完了！

次の地域へ進もう

9章 日本の諸地域③

最後は一気に北上して，関東地方と東北地方，北海道地方へ向かう。

高いタワーが立つのはとても大きな都市のようだ。鉄製品をつくっている職人，広大な畑なども見えるぞ。

関東地方，東北地方，北海道地方を調査しよう。

北海道地方

南部鉄器（岩手県）

十勝平野（北海道）

東北地方

関東地方

東京スカイツリー（東京都）

ステージ 39

関東地方①

関東地方の自然をおさえよう！

関東地方には日本で最大の平野と日本最大の流域面積の川があるようだ。自然のようすを調査しなさい。

今ココ！

1 関東地方のすがた

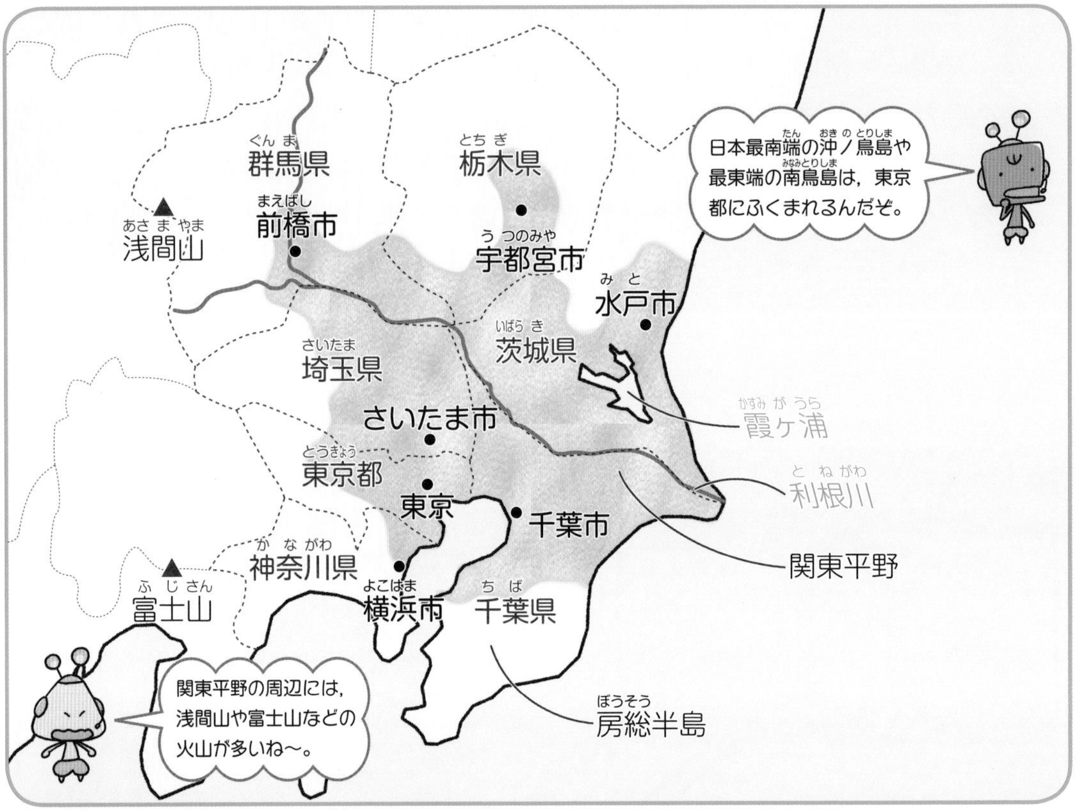

群馬県
栃木県
前橋市
浅間山
宇都宮市
水戸市
埼玉県
茨城県
さいたま市
霞ケ浦
東京都
利根川
東京
千葉市
関東平野
神奈川県
富士山
横浜市
千葉県
房総半島

日本最南端の沖ノ鳥島や最東端の南鳥島は，東京都にふくまれるんだぞ。

関東平野の周辺には，浅間山や富士山などの火山が多いね～。

調査報告

●日本最大の平野

関東平野は日本最大の平野で，**関東ローム**とよばれる赤土におおわれています。

関東ローム

●平野を横断する川

関東平野を流れる**利根川**は，日本で最大の流域面積の川です。

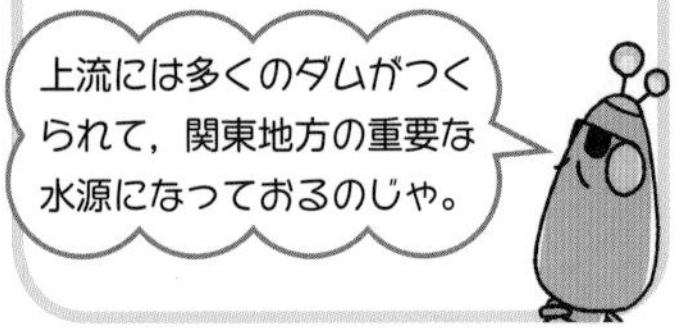

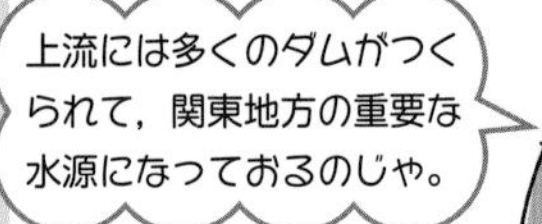
上流には多くのダムがつくられて，関東地方の重要な水源になっておるのじゃ。

●関東地方の気候

冬に**からっ風**とよばれる冷たい北西の季節風がふき，冬は乾燥します。

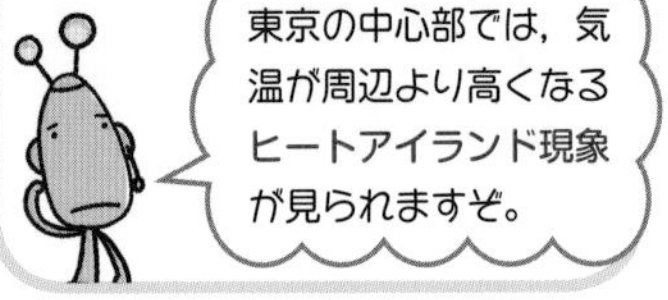

東京の中心部では，気温が周辺より高くなるヒートアイランド現象が見られますぞ。

解いてみよう！

解答 p.13

1 関東地方の自然について，地図中の□に入る語句を書きましょう。

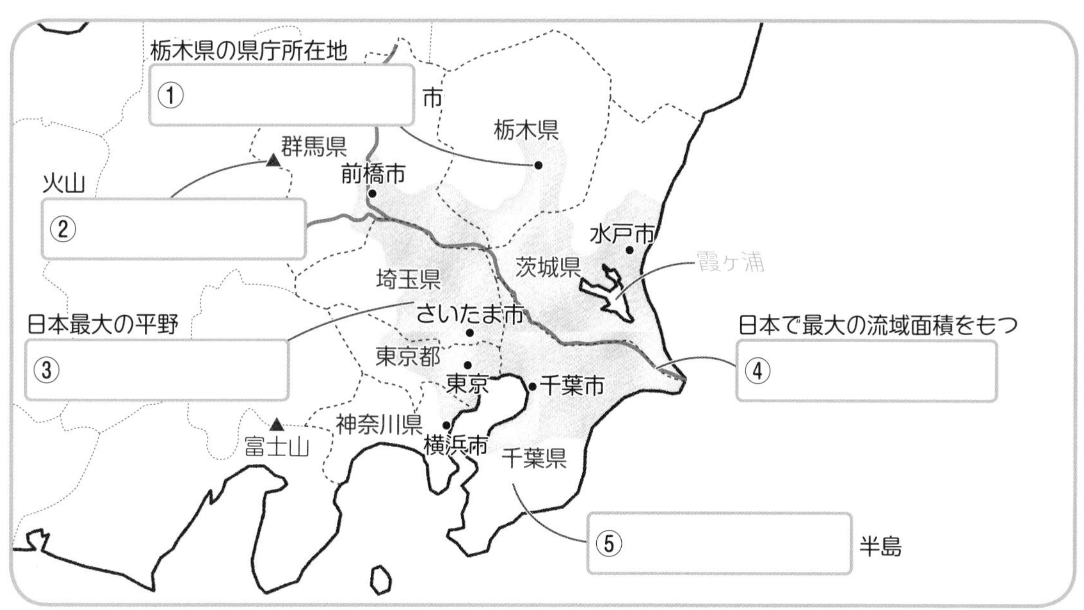
栃木県の県庁所在地
①
市
栃木県
群馬県
前橋市
火山
②
水戸市
茨城県
霞ヶ浦
埼玉県
さいたま市
日本最大の平野
③
日本で最大の流域面積をもつ
④
東京都
東京
千葉市
神奈川県
富士山
横浜市
千葉県
⑤
半島

2 次の□にあてはまる語句を，下の□の中から選びましょう。

(1) 関東平野は，[　　　　]とよばれる赤土におおわれています。

(2) 冬の関東地方には，[　　　　]とよばれる冷たい季節風がふきます。

(3) 神奈川県の県庁所在地は[　　　　]市です。

(4) 東京都などの中心部では，気温が周辺より高くなる[　　　　]現象が発生することがあります。

横浜　ヒートアイランド　からっ風　関東ローム

☐ 関東平野　☐ 関東ローム　☐ 利根川　☐ からっ風

ステージ 40

関東地方②

関東地方の産業をおさえよう！

関東地方は東京大都市圏を形成し，産業がさかんなようだ。関東地方の産業を調査しなさい。

今ココ！

1 関東地方の農業

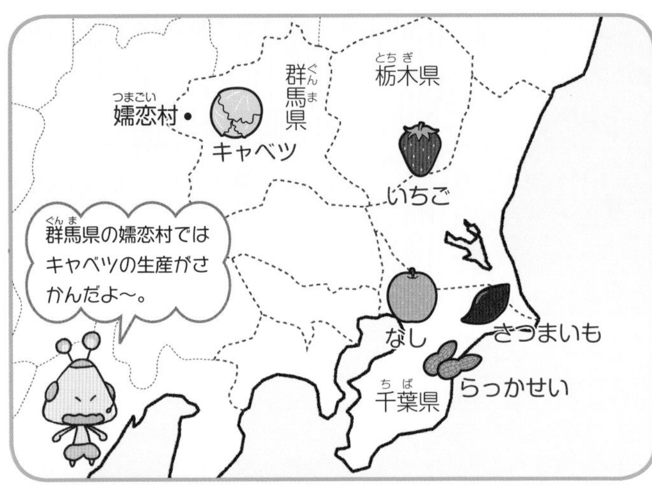

群馬県
栃木県
嬬恋村
キャベツ
いちご
群馬県の嬬恋村ではキャベツの生産がさかんだよ〜。
なし
さつまいも
らっかせい
千葉県

調査報告

●農業の特色

大都市の周辺では**近郊農業**がさかんです。山間部では，交通網の発達により高原野菜の**輸送園芸農業**が行われています。

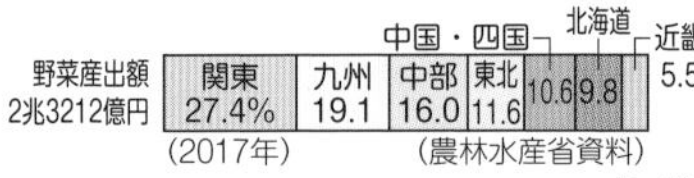

野菜産出額 2兆3212億円
関東 27.4%
九州 19.1
中部 16.0
東北 11.6
中国・四国 10.6
北海道 9.8
近畿 5.5
(2017年)
(農林水産省資料)

関東地方は全国でも野菜の生産が多い地方です。

2 関東地方の工業

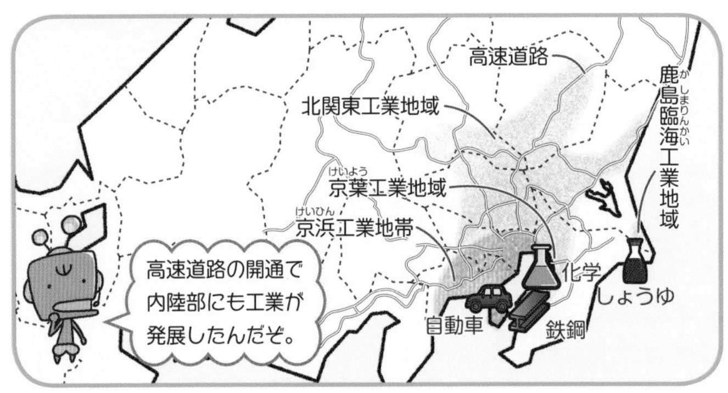

高速道路
北関東工業地域
京葉工業地域
京浜工業地帯
鹿島臨海工業地域
化学
しょうゆ
自動車
鉄鋼
高速道路の開通で内陸部にも工業が発展したんだぞ。

●工業の特色

臨海部には大工場を中心とした**京浜工業地帯**や**京葉工業地域**など，内陸部には**北関東工業地域**が形成されています。

3 政治の中心地，東京

▲国会議事堂

かつて東京がふくまれていた武蔵国にちなんで634mの高さなんじゃ。

▲東京スカイツリー

●首都，東京

東京大都市圏には日本の総人口の約３分の１が生活しています。**出版業**や**印刷業**が発達しています。

月　日

解いてみよう！

解答 p.13

1 次の［　］にあてはまる語句を，下の［　］の中から選びましょう。

(1) ［　　　　］県嬬恋村ではキャベツなどの高原野菜の生産がさかんです。

(2) 関東ロームにおおわれた地域では，らっかせいやさつまいもなどを生産する［　　　　］がさかんです。

(3) 東京都や神奈川(かながわ)県の臨海部には［　　　　］が広がっています。

(4) 関東地方の内陸部には［　　　　］が発展しています。

(5) 日本の［　　　　］である東京は政治の中心地となっています。

首都　　京浜工業地帯　　畑作　　北関東工業地域　　群馬

2 次の問いに答えましょう。

(1) 日本で最も人口が集中している都市圏を何といいますか。

［　　　　］

(2) 山間部で交通網の発達により発展した農業を何といいますか。

［　　　　］

(3) 千葉県の臨海部を中心に広がる工業地域を何といいますか。

［　　　　］

(4) 情報が集まる東京で発達している産業は，出版業と何ですか。

［　　　　］

コレだけ！

- ☐ **近郊農業**
- ☐ **京浜工業地帯**
- ☐ **首都**
- ☐ **東京大都市圏**

39　40　41　42　43　44

ステージ 41

東北地方①

東北地方の自然をおさえよう！

東北地方は中央部を南北に連なる山脈を境にして気候がちがうようだ。調査しなさい。

今ココ！

1 東北地方のすがた

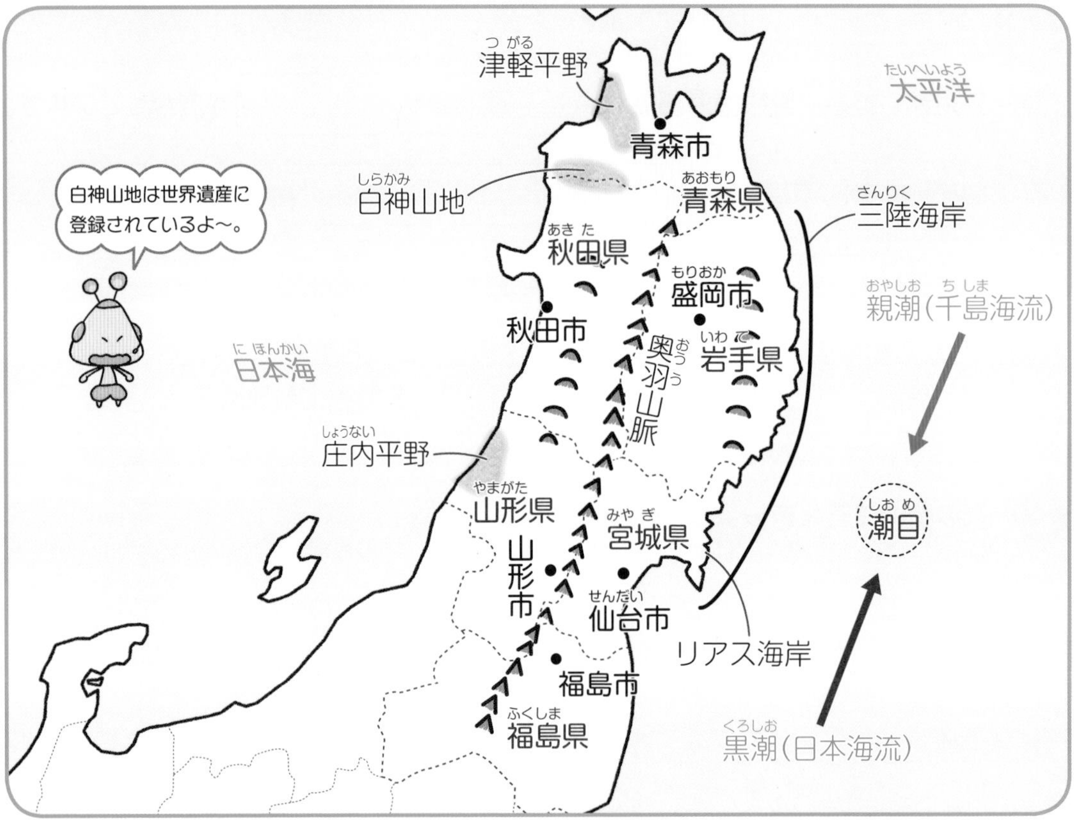

津軽平野
青森市
白神山地
白神山地は世界遺産に登録されているよ〜。
青森県
秋田県
盛岡市
秋田市
奥羽山脈
岩手県
日本海
太平洋
三陸海岸
親潮（千島海流）
潮目
庄内平野
山形県
宮城県
山形市
仙台市
リアス海岸
福島市
福島県
黒潮（日本海流）

調査報告

●**東北地方の気候**

日本海側は，冬にふく北西の**季節風**の影響で雪が多く降ります。

太平洋側は，夏にふく冷たい**やませ**の影響で**冷害**が起こることがあります。

雪
冬の季節風
出羽山地
奥羽山脈
北上高地
霧
夏のやませ

●**東北地方の地形**

太平洋側にある**三陸海岸**の南部は，入り江や湾の多い**リアス海岸**になっています。

太平洋側の東北地方沖には，日本海溝が南北にのびているんじゃ。

月　日

解いてみよう！

解答 p.14

1 東北地方の自然について，地図中の□に入る語句を書きましょう。

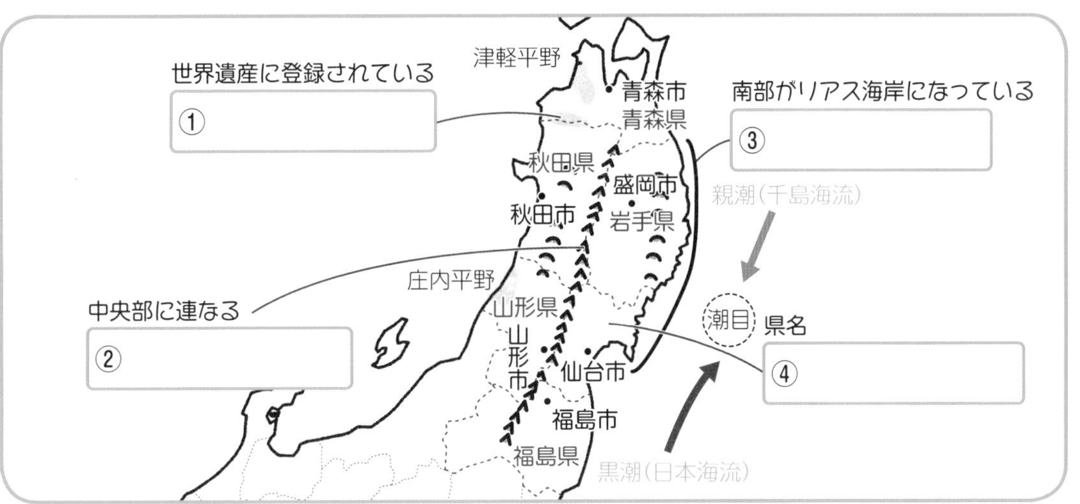

世界遺産に登録されている
①
津軽平野
青森市
青森県
南部がリアス海岸になっている
③
秋田県
盛岡市
秋田市
岩手県
親潮（千島海流）
庄内平野
中央部に連なる
②
山形県
潮目
県名
山形市
仙台市
④
福島市
福島県
黒潮（日本海流）

2 次の□にあてはまる語句を，下の□の中から選びましょう。

(1) 東北地方の日本海側は，冬にふく北西の［　　　　］の影響で，雪が多く降ります。

(2) 東北地方の太平洋側は，夏に［　　　　］という冷たい風がふくことがあります。

(3) 太平洋側の三陸海岸の南部は［　　　　］になっています。

(4) 三陸海岸の沖には，暖流（黒潮）と寒流（親潮）がぶつかる［　　　　］があり，豊かな漁場となっています。

リアス海岸　潮目　やませ　季節風

コレだけ！

☐ やませ　☐ 冷害　☐ 三陸海岸　☐ 潮目

ステージ 42

東北地方②

東北地方の産業をおさえよう！

東北地方は稲作がさかんで，古くから伝わる伝統文化があるようだ。調査しなさい。

今ココ！

1 東北地方の農業

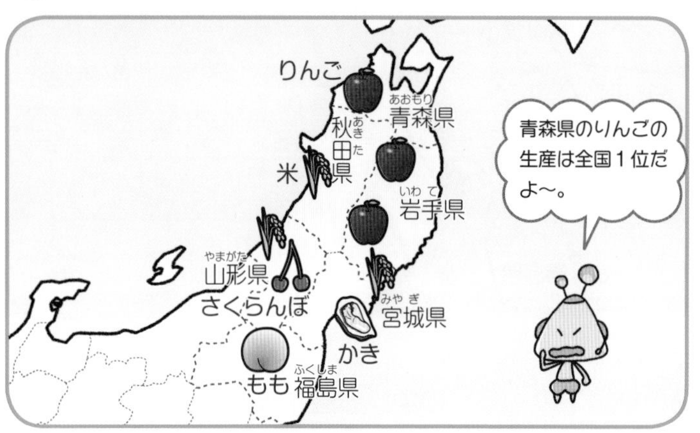
りんご
青森県
秋田県
米
岩手県
山形県
さくらんぼ
宮城県
かき
もも
福島県
青森県のりんごの生産は全国１位だよ～。

調査報告

●東北地方の農業

東北地方は稲作がさかんで，日本の**穀倉地帯**です。

三陸海岸南部はリアス海岸になっていて波がおだやかなため，わかめやかきの**養殖**がさかんです。

2 東北地方の工業

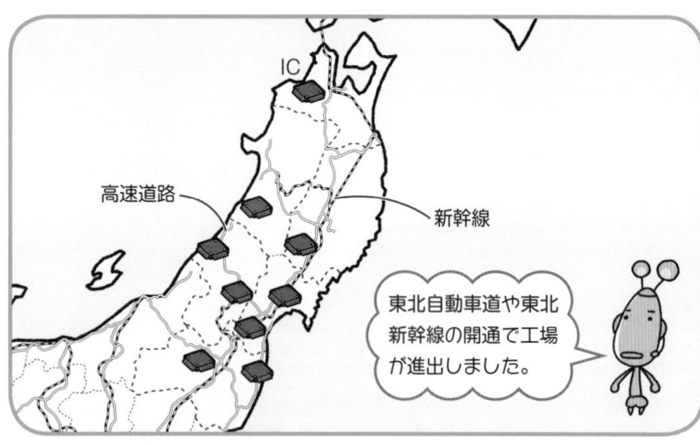
IC
高速道路
新幹線
東北自動車道や東北新幹線の開通で工場が進出しました。

●工業の特色

輸送に便利な高速道路沿いには，**工業団地**がつくられ，**IC工場**や自動車工場が進出しています。

広い土地や労働力が得やすいのも理由だぞ。

3 東北地方の伝統文化

東北三大祭り
ねぶた祭(青森県)
竿燈まつり(秋田県)
仙台七夕まつり(宮城県)
津軽塗(青森県)
宮城伝統こけし(宮城県)
南部鉄器(岩手県)
王将
天童将棋駒(山形県)

●伝統文化

古くから伝わる**伝統的工芸品**の生産がさかんです。

夏に行われる東北三大祭りには，全国から観光客が集まります。

解いてみよう！

解答 p.14

1　次の［　　］にあてはまる語句を，下の［　　］の中から選びましょう。

(1)　東北地方は全国有数の［　　　　　］です。

(2)　青森(あおもり)県は［　　　　　］の生産が全国１位です。

(3)　東北地方では高速道路沿いに［　　　　　］が進出しています。

(4)　東北地方では津軽塗や南部鉄器などの［　　　　　］の生産がさかんです。

りんご　　伝統的工芸品　　IC 工場　　穀倉地帯

2　東北地方の産業について，次の問いに答えましょう。

(1)　東北自動車道の沿線につくられた，IC 工場や自動車工場が進出している地区を何といいますか。［　　　　　］

(2)　東北地方でさくらんぼの生産がとくにさかんな県はどこですか。［　　　　　］

(3)　右の地図の**A**県で生産がさかんな伝統的工芸品を次から選びましょう。［　　　　　］

ア　南部鉄器　　**イ**　津軽塗　　**ウ**　将棋のこま

コレだけ！

☐ **穀倉地帯**　　☐ **養殖**　　☐ **工業団地**　　☐ **伝統的工芸品**

ステージ 43

北海道地方①

北海道地方の自然をおさえよう！

北海道地方は亜寒帯で寒さがきびしいようだ。自然環境について調査しなさい。

今ココ！

1 北海道地方の自然

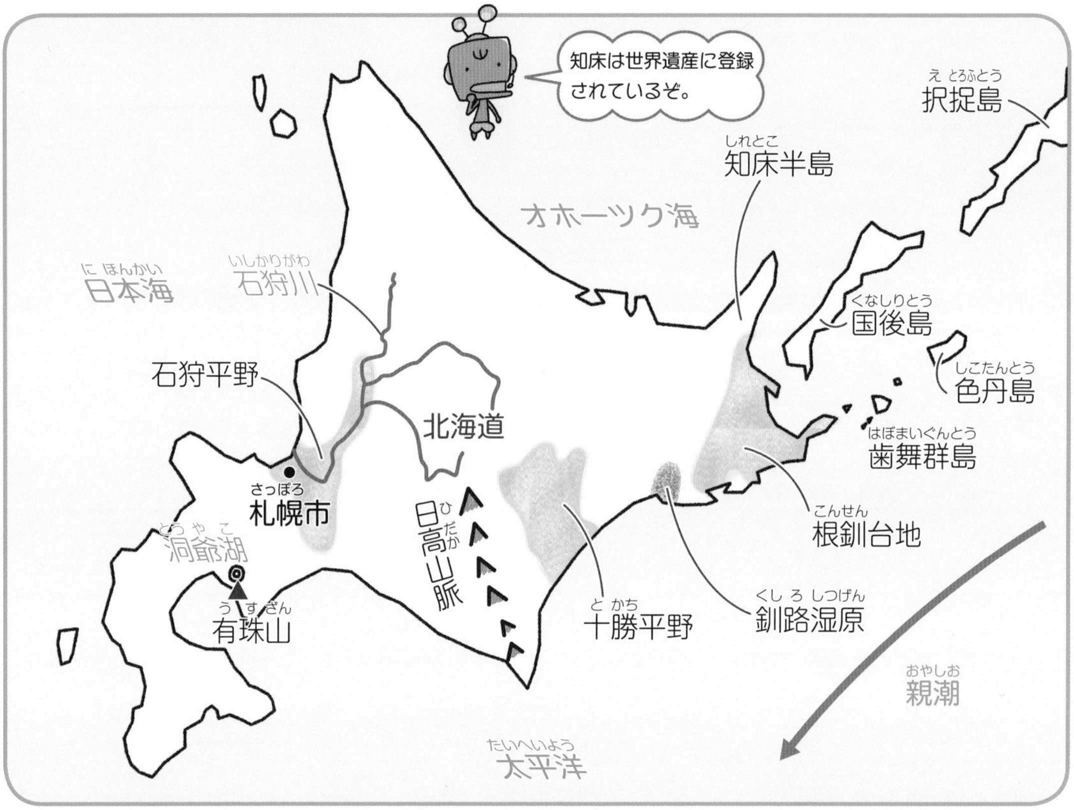

知床は世界遺産に登録されているぞ。

択捉島
知床半島
オホーツク海
日本海
石狩川
国後島
色丹島
石狩平野
北海道
歯舞群島
札幌市
日高山脈
根釧台地
洞爺湖
有珠山
十勝平野
釧路湿原
親潮
太平洋

調査報告

●北海道の地形

北海道は山地や平野が多いのが特色です。**有珠山**などの火山があり，現在も活動しています。

洞爺湖は，火山の噴火でできたカルデラに水がたまってできた湖ですな。

●北海道地方の気候

亜寒帯（冷帯）の気候で，梅雨がありません。

日本海側は冬の季節風の影響で，雪が多いです。

内陸では－20℃ぐらいまで気温が下がる地域もあるんじゃ。

太平洋側では，夏にふくしめった季節風が寒流の親潮に冷やされて**濃霧**が発生します。

オホーツク海沿岸には，冬になると**流氷**がやってきます。

月　日

解いてみよう！

解答 p.14

1 北海道地方の自然について，地図中の［　　］に入る語句を書きましょう。

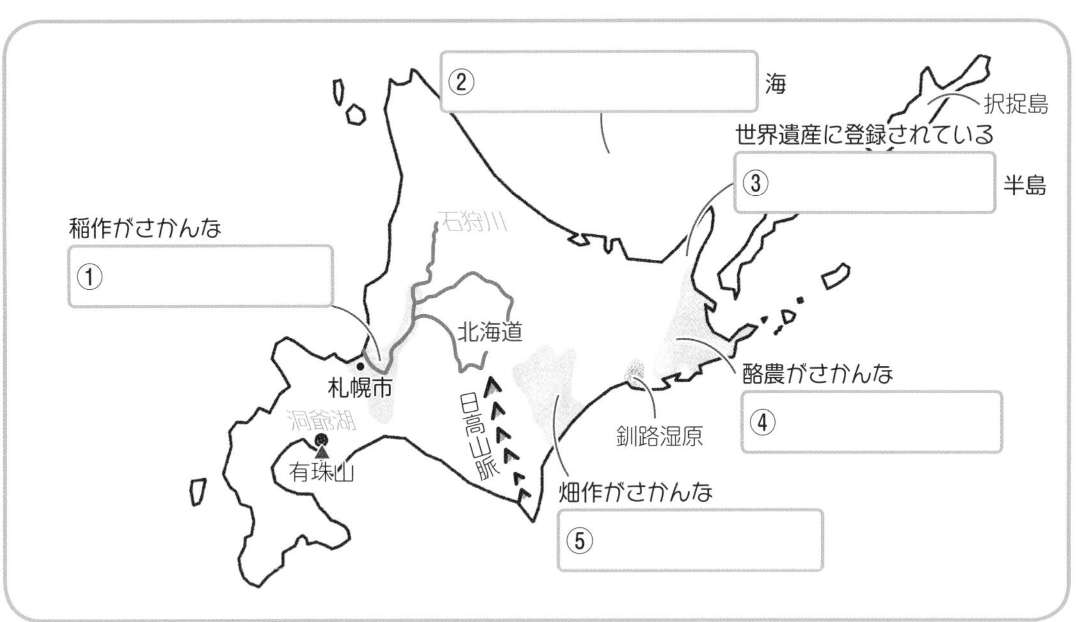

② ［　　］海
択捉島
世界遺産に登録されている
③ ［　　］半島
稲作がさかんな
① ［　　］
石狩川
北海道
札幌市
洞爺湖
有珠山
日高山脈
釧路湿原
酪農がさかんな
④ ［　　］
畑作がさかんな
⑤ ［　　］

2 次の［　　］にあてはまる語句を，下の［　　］の中から選びましょう。

(1) 北海道地方は冬の寒さがきびしい［　　　　］の気候です。

(2) 北海道地方の［　　　　］側は，冬の季節風の影響で雪が多いです。

(3) 北海道地方の太平洋側では，夏の季節風が寒流の［　　　　］に冷やされ［　　　　］が発生します。

(4) オホーツク海の沿岸には，冬になると［　　　　］がやってきます。

親潮	流氷	濃霧	日本海	亜寒帯

☐ 亜寒帯（冷帯）　☐ 濃霧　☐ 知床　☐ 流氷

ステージ 44

北海道地方②

北海道地方の産業をおさえよう!

北海道は広大な土地を利用した農業や，歴史に特色があるようだ。それぞれ調査しなさい。

今ココ！

1 北海道地方の農業

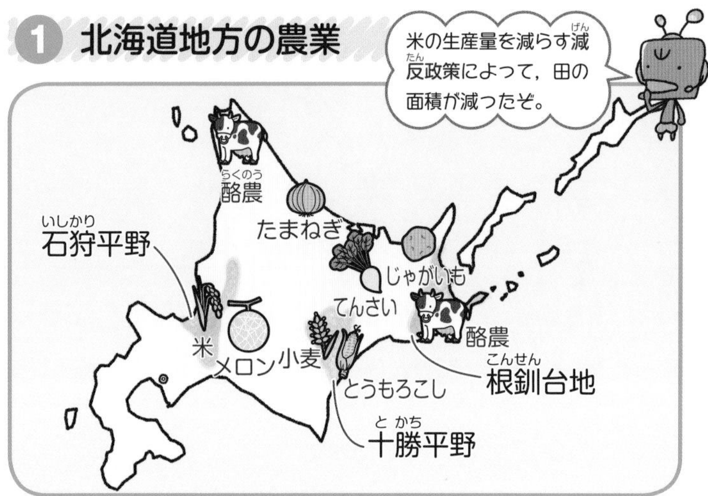
米の生産量を減らす減反政策によって，田の面積が減ったぞ。
酪農
たまねぎ
石狩平野
じゃがいも
てんさい
米
メロン
小麦
とうもろこし
酪農
根釧台地
十勝平野

調査報告

●日本の食料基地

石狩平野では**稲作**，十勝平野では**畑作**が行われています。根釧台地では**酪農**がさかんです。

大規模経営の農家が多いのよ～。

2 北海道地方の水産業

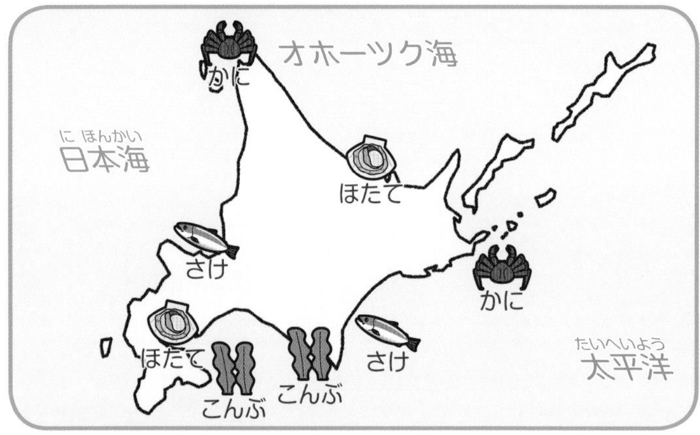
かに
オホーツク海
日本海
ほたて
さけ
かに
ほたて
こんぶ
こんぶ
さけ
太平洋

●育てる漁業への転換

こんぶやほたてを育てる**養殖業**，さけなどを卵からかえして川へ放流する**栽培漁業**がさかんです。

北太平洋などの北洋漁業は，排他的経済水域の設定で減少したのです。

3 北海道の歴史

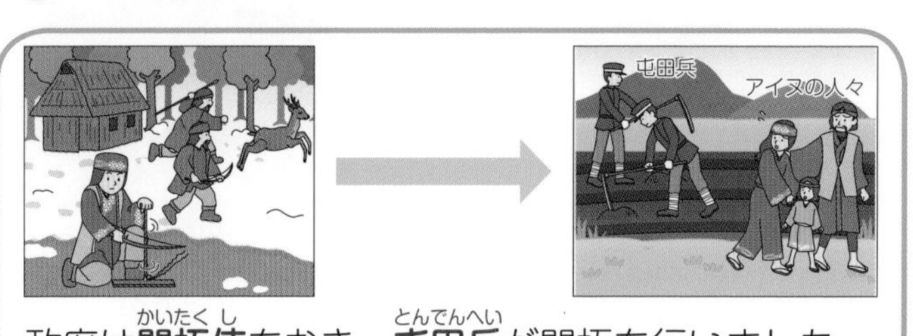
屯田兵
アイヌの人々

政府は**開拓使**をおき，**屯田兵**が開拓を行いました。

●先住民と開拓

先住民である**アイヌ**の人々がくらしていましたが，明治時代に政府による開拓がすすめられました。

解いてみよう！

解答 p.14

1 次の＿にあてはまる語句を，下の＿の中から選びましょう。

(1) 石狩平野では［　　　　］がさかんです。

(2) 根釧台地では，乳牛を飼育し，乳製品などをつくる［　　　　］がさかんです。

(3) 近年，北海道では，こんぶなどを育てる［　　　　］や，さけなどを卵からかえして川に放流し，成長してからとる［　　　　］もさかんです。

(4) 北海道には，もともと先住民である［　　　　］の人々がくらしていました。

アイヌ　　養殖業　　酪農　　稲作　　栽培漁業

2 北海道地方の産業や歴史について，次の問いに答えましょう。

(1) 地図中のAの地域の農業について，正しい内容を，次から１つ選んで，記号を書きましょう。［　　　　］

ア　稲作がさかんである。
イ　じゃがいもなどの畑作がさかんである。
ウ　乳製品などを生産する酪農がさかんである。

A

(2) 明治時代に，政府が北海道を開拓するためにおいた役所を何といいますか。［　　　　］

コレだけ！

☐ 酪農　☐ 養殖業　☐ 栽培漁業　☐ アイヌの人々

39

40

41

42

43

44

確認テスト

解答 p.15

/100点

1 次の問いに答えましょう。（5点×6）

ステージ 39 40

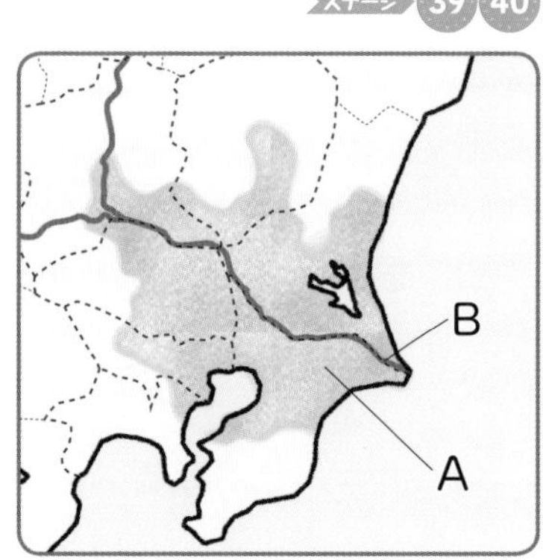
B
A

(1) 地図中のAの平野とBの川を何といいますか。

A

B

(2) 地図中のAの平野に広がる火山灰がつもってできた赤土を何といいますか。

(3) 次の文中の①・②にあてはまる語句を書きましょう。

関東（かんとう）地方の工業は沿岸部の（　①　）工業地帯や京葉工業地域で発展してきました。近年は工場が内陸に進出し，（　②　）工業地域がつくられています。

①

②

(4) 群馬県で生産がさかんな高原野菜としてあてはまるものを，次から１つ選んで，記号を書きましょう。

ア　さつまいも　　**イ**　らっかせい
ウ　いちご　　**エ**　キャベツ

2 次の問いに答えましょう。（5点×6）

ステージ 41 42

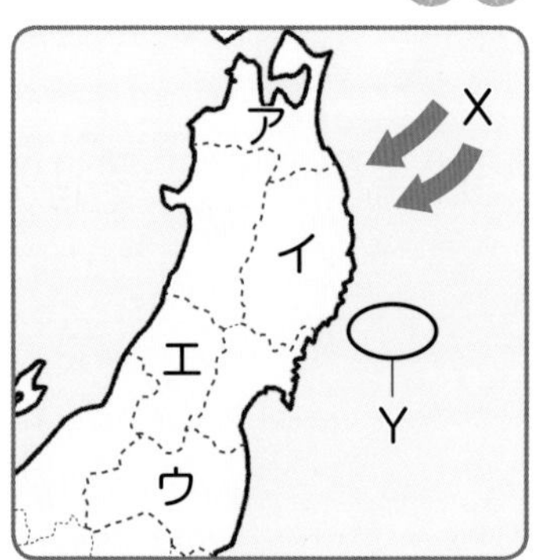
ア
イ
エ
ウ
X
Y

(1) 次の①・②にあてはまる県を，地図中の**ア**～**エ**から１つずつ選んで，記号を書きましょう。

①　②

① 県境に白神（しらかみ）山地があり，りんごの生産がさかん。
② 沿岸にリアス海岸が見られ，南部鉄器（なんぶてっき）の生産がさかん。

(2) 冷害の原因となる**X**を，次から１つ選んで，記号を書きましょう。

ア 濃霧(のうむ)　**イ** からっ風
ウ やませ　**エ** 偏西風(へんせいふう)

(3) 地図中の**Y**には，暖流と寒流がぶつかる海域があります。この海域を何といいますか。

(4) 次の文中の①・②にあてはまる語句を書きましょう。

東北(とうほく)地方は米の生産がさかんで，日本の（　①　）地帯とよばれる。工業では，交通の発達にともない，高速道路沿いにつくられた（　②　）への工場誘致(ゆうち)で，IC工場などが進出しました。

①
②

3 次の問いに答えましょう。（5点×8）

ステージ 43 44

(1) 知床(しれとこ)半島を，地図中の**ア**～**エ**から１つ選んで，記号を書きましょう。

(2) 北海道(ほっかいどう)が属する気候帯を何といいますか。

ア
A
エ
イ
C
B
ウ

(3) 地図中の**A**～**C**でさかんな農業を，次から１つずつ選んで，記号を書きましょう。

A　B　C

ア 畑作　**イ** 稲作(いなさく)　**ウ** 酪農(らくのう)

(4) 北海道では，さけの卵をかえして川に放流し，大きくなってからとる漁業が行われています。この漁業を何といいますか。

(5) 北海道の先住民を何といいますか。

の人々

(6) 明治(めいじ)時代，蝦夷地(えぞち)の警備と開拓(かいたく)を行うために派遣(はけん)された兵士を何といいますか。

調査報告 プラス

●めずらしい読み方をする北海道の地名

北海道には，独自の言語（アイヌ語）や文化をもつアイヌの人々が古くから住んでいました。北海道にはアイヌ語を起源にもつ地名が多くあり，今も使われています。

アイヌ語の地名の多くは，その土地の自然環境を表現したものです。

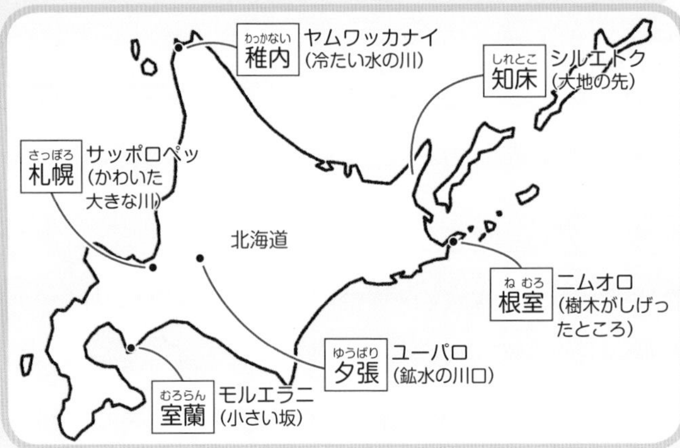

わっかない
稚内 ヤムワッカナイ（冷たい水の川）
しれとこ
知床 シルエトク（大地の先）
さっぽろ
札幌 サッポロペッ（かわいた大きな川）
北海道
ねむろ
根室 ニムオロ（樹木がしげったところ）
ゆうばり
夕張 ユーパロ（鉱水の川口）
むろらん
室蘭 モルエラニ（小さい坂）

アイヌ文化振興法やさらに新しい法律がつくられ，先住民族であるアイヌの人々の言語や文化を守るための取り組みが，行われておるんじゃ。

地球の調査完了！
帰るぞ〜
シグマ星
司令長官
地球はとてもよい星だ。移住先は地球に決定！
賞金だよ
わーい
地球で休暇じゃ〜。

□ 編集協力　(有)マイプラン　名越由実

□ 本文デザイン　studio1043　CONNECT

□ DTP　(有)マイプラン

□ 図版作成　(有)マイプラン

□ 写真提供　sky55　トク　PIXTA　フォトクリエイト　miura　wonderland

□ イラスト　はなのしん

＊ p.62 の地形図は，国土地理院発行２万５千分の１地形図「海津」を使用しました。

シグマベスト

ぐーんっとやさしく
中学地理

編　者　文英堂編集部

発行者　益井英郎

印刷所　株式会社加藤文明社

発行所　株式会社文英堂

〒601-8121　京都市南区上鳥羽大物町28

〒162-0832　東京都新宿区岩戸町17

(代表)03-3269-4231

●落丁・乱丁はおとりかえします。

中学地理

ぐーんっと
やさしく

解答と解説

文英堂

ステージ 1

地球のすがた

地球のすがたを見に行こう!

1 陸地と海洋について，地図中の□に入る語句を書きましょう。

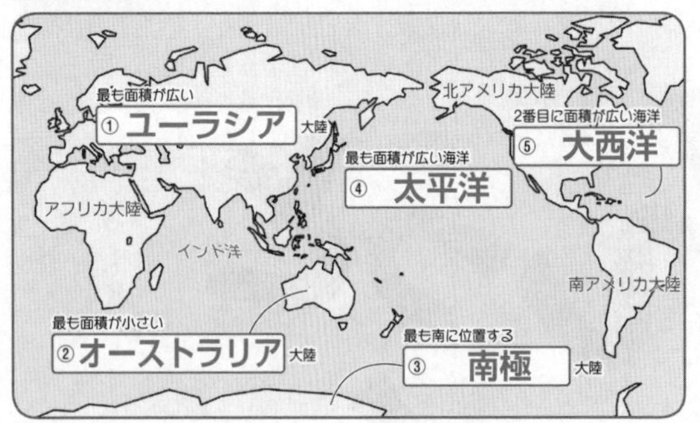

最も面積が広い
① ユーラシア 大陸
北アメリカ大陸
2番目に面積が広い海洋
⑤ 大西洋
最も面積が広い海洋
④ 太平洋
アフリカ大陸
インド洋
南アメリカ大陸
最も面積が小さい
② オーストラリア 大陸
最も南に位置する
③ 南極 大陸

2 次の□にあてはまる語句や数字を，下の□の中から選びましょう。

(1) 地球上には3つの大きな海洋があり，大きな順に，太平洋，**大西洋**，**インド洋**です。 大陸は面積が広い陸地のことをいう。

(2) 地球上には **6** つの大陸があります。

(3) 地球の表面にしめる陸地と海洋の割合は，陸地が約 **3** 割で，海洋は約 **7** 割です。

6　7　3　大西洋　インド洋

ステージ 2

世界のすがた

緯度と経度で表そう!

1 地球上の位置の表し方について，地図中の□に入る語句と数字を書きましょう。

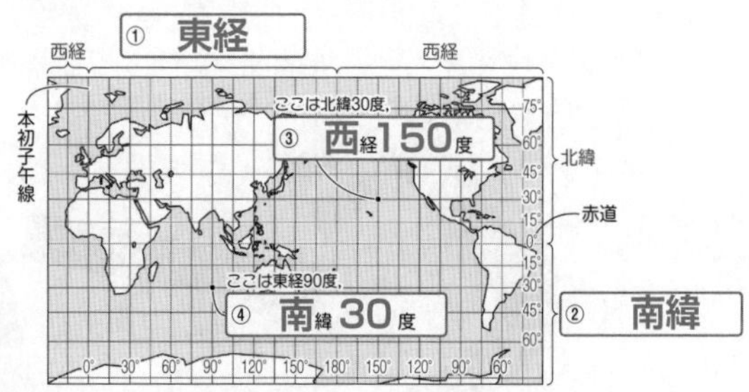

① 東経
西経
西経
本初子午線
ここは北緯30度，
③ 西経150度
北緯
赤道
ここは東経90度，
④ 南緯30度
② 南緯
75°
60°
45°
30°
15°
0°
15°
30°
45°
60°
0°
30°
60°
90°
120°
150°
180°
150°
120°
90°
60°

2 次の□にあてはまる語句を，下の□の中から選びましょう。

(1) 地球を縮めた丸い模型を **地球儀** といいます。

(2) 地球上の南北の位置は **緯度** で表します。

(3) 地球上の東西の位置は **経度** で表します。

(4) イギリスの首都ロンドンを通る0度の経線を **本初子午線** といいます。

(5) 南北の中心を通る0度の緯線を **赤道** といいます。
赤道は全周約4万 km。

本初子午線　経度　地球儀　緯度　赤道

ステージ 3

世界の地域区分

世界の州と場所をおさえよう!

1 世界の国や地域の分け方について，地図中の□に入る語句を書きましょう。

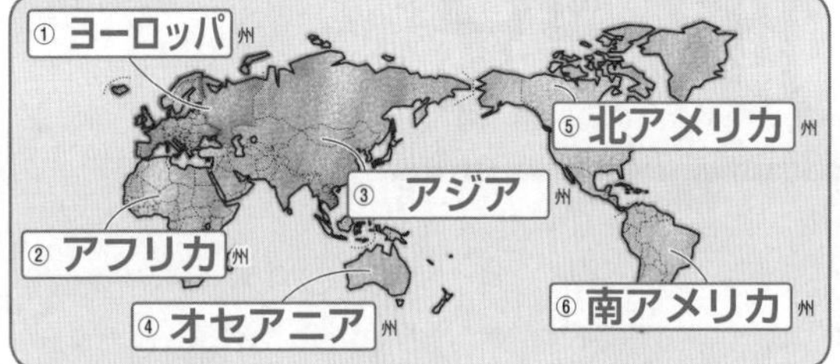

① ヨーロッパ 州
⑤ 北アメリカ 州
③ アジア 州
② アフリカ 州
④ オセアニア 州
⑥ 南アメリカ 州

2 次の□にあてはまる語句や数字を，下の□の中から選びましょう。

(1) 世界の国や地域は **6** つの州に分けられます。

(2) アジア州を細かく分けると，東アジア・**東南アジア**・南アジア・西アジア・中央アジアに分けられます。

(3) 国土が海に囲まれている国を **島国** といいます。 島国は日本やイギリスなど。

(4) 国土がまったく海に面していない国を **内陸国** といいます。
内陸国はモンゴルやスイスなど。

(5) アジア州の北方の地域は **シベリア** とよばれることがあります。

島国　6　シベリア　東南アジア　内陸国

ステージ 4

日本のすがた①

日本の位置と領域を知ろう!

1 日本の位置と領域について，地図中の□に入る語句を書きましょう。

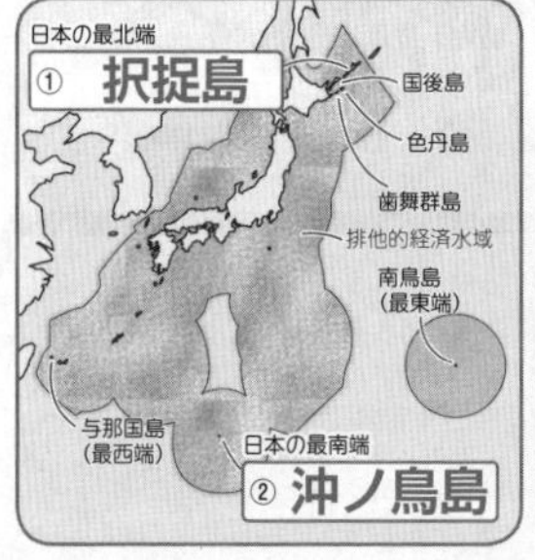

日本の最北端
① 択捉島
国後島
色丹島
歯舞群島
排他的経済水域
南鳥島
(最東端)
与那国島
(最西端)
日本の最南端
② 沖ノ鳥島

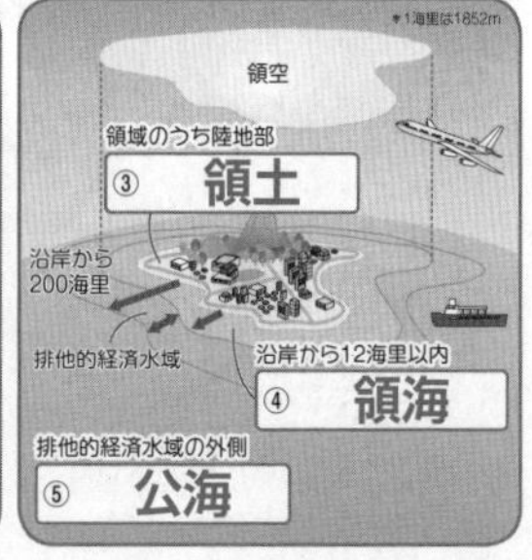

＊1海里は1852m
領空
領域のうち陸地部
③ 領土
沿岸から200海里
排他的経済水域
沿岸から12海里以内
④ 領海
排他的経済水域の外側
⑤ 公海

2 次の□にあてはまる語句や数字を，下の□の中から選びましょう。

(1) 日本がふくまれる緯度は，**中国** やアメリカとほぼ同じです。

(2) 日本の領海は，領土沿岸から **12** 海里以内です。

(3) 沿岸から200海里以内の（領海をのぞく）範囲を **排他的経済水域** といいます。 200海里は約370km。

(4) 択捉島，国後島，色丹島，歯舞群島をあわせて **北方領土** といいます。これらの島は，現在，**ロシア** に占拠されています。

12　中国　北方領土　ロシア　排他的経済水域

ステージ 5

日本のすがた②

時差のしくみを知ろう!

1 次の□にあてはまる語句や数字を，下の[ ]の中から選びましょう。

(1) 地球が自転していることでうまれる時刻の差を **時差** といいます。

(2) 時刻の基準になる経度０度の経線を **本初子午線** といいます。

(3) 経度 **15** 度の差につき，１時間の時差になります。

(4) 東経15度と東経90度の経度差は **75** 度です。
90度－15度＝75度。

(5) 東経135度と西経30度の経度差は **165** 度です。
135度＋30度＝165度。本初子午線をまたぐ時は経度を足す。

[15　75　165　本初子午線　時差]

2 次の問いに答えましょう。

(1) 各国が時刻を決める基準にしている経線を何といいますか。
標準時子午線

(2) 経度180度の経線にほぼそって引かれている，日付を調整するための線を何といいますか。
日付変更線

(3) 東経135度で標準時を定める日本と，０度で標準時を定めるイギリスの時差は何時間ですか。
135度÷15度＝9時間。
9時間

(4) 時差が３時間あるとき，経度の差は何度ですか。
3時間×15度＝45度。
45度

(5) 日付変更線を境に，日付が新しいのは東と西のどちらですか。
西

ステージ 6

日本のすがた③

日本の地域の分け方を知ろう!

1 日本の地域の分け方について，地図中の□に入る語句を書きましょう。

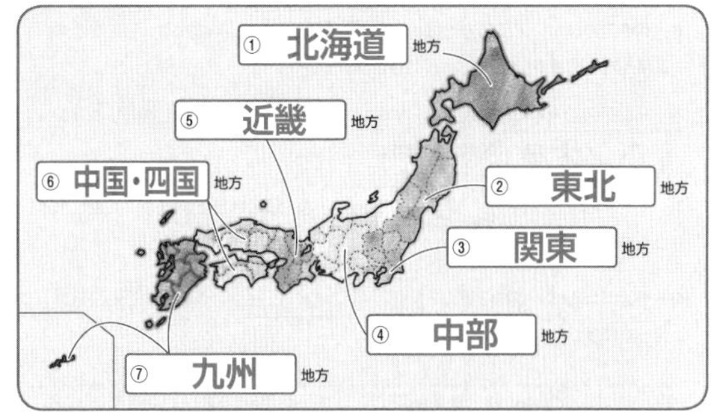

① 北海道 地方
⑤ 近畿 地方
⑥ 中国・四国 地方
② 東北 地方
③ 関東 地方
④ 中部 地方
⑦ 九州 地方

2 次の□にあてはまる語句や数字を，下の[ ]の中から選びましょう。

(1) 日本には **47** の都道府県があります。

(2) 県庁のおかれている都市を **県庁所在地** といいます。
県庁所在地の多くは，県内で人口が最大の都市となっている。

(3) 日本を，北海道，東北，関東，中部，近畿，中国・四国，九州の７地方に分ける方法を **7地方区分** といいます。

[県庁所在地　47　7地方区分]

確認テスト

1 (1)A…イ　B…ア　(2)ユーラシア大陸
(3)①…本初子午線　②…赤道
(4)ウ　(5)東アジア

解説 (2)世界には六大陸があります。

2 (1)①…北　②…東
③…200
(2)北方領土　(3)エ

解説 (3)北方領土(ほっぽうりょうど)は，日本最北端(たん)の島である択捉島(えとろふとう)と，国後島(くなしりとう)，色丹島(しこたんとう)，歯舞群島(はぼまいぐんとう)を指します。

3 (1)①…15　②…日付変更線
(2)①…東経135度　②…ウ

解説 (1)①地球は24時間に360度自転するので，360度÷24時間＝15度になります。

4 (1)都…エ　府…カ，キ
(2)神戸(市)

解説 (1)「都」は東京都(とうきょう)，「府」は京都府(きょうと)と大阪府(おおさか)です。

ステージ 7

世界のさまざまな環境

世界の気候をおさえよう!

1 次の□にあてはまる語句を，下の[ ]から選びましょう。

(1) 温暖で四季がはっきりしている気候を **温帯** といいます。

(2) 一年中寒さがきびしい気候を **寒帯** といいます。

(3) 亜寒帯(冷帯)は冬の寒さがきびしく，一年中凍ったままの土である **永久凍土** が見られます。

(4) 乾燥帯は降水量が少なく，**砂漠** や草原が広がっています。

(5) 一年中暑くて降水量が多い気候を **熱帯** といいます。

[熱帯　寒帯　温帯　永久凍土　砂漠]

2 世界の気候について，次の問いに答えましょう。

(1) 亜寒帯(冷帯)に見られる針葉樹林を何といいますか。
タイガ

(2) 熱帯に見られる，一年中緑の葉がしげっている森林を何といいますか。
熱帯は赤道周辺に広がっている。
熱帯雨林

(3) 標高が高い地域の気候の特色について正しいものを，次から１つ選んで，記号を書きましょう。
イ
ア 同じ緯度の地域とくらべて，気温が高くなる。
イ 同じ緯度の地域とくらべて，気温が低くなる。
ウ 同じ緯度の地域と，気候の特色は変わらない。

ステージ 8

世界の人々の生活

世界のくらしをおさえよう!

1 次の□にあてはまる語句を，下の□の中から選びましょう。

(1) 寒さのきびしいアラスカでは［イグルー］とよばれる，雪をかためて積んだ冬の家をつくることがあります。

(2) アンデス山脈でくらす人々は，アルパカの毛でつくった，ぬぎ着のしやすい［ポンチョ］を着ています。

(3) インドの女性が着る［サリー］は，湿気や暑さを防ぐ，風通しのよいつくりの衣服です。

(4) モンゴルでは，移動に便利な［ゲル］という組み立て式のテントが見られます。

ゲル　イグルー　サリー　ポンチョ

2 次の問いに答えましょう。

(1) 赤道近くの地域で，右のような高床の住居が見られる理由を，次から1つ選んで，記号を書きましょう。［イ］

ア 建物の熱で地面の氷がとけないようにするため。
イ 風通しをよくして湿気を防ぐため。 インドネシアなどで
ウ 地震などの災害の被害を防ぐため。 見られる。

(2) 乾燥した西アジアや北アフリカで見られる住居の材料を，次から1つ選んで，記号を書きましょう。［ウ］
ア 木材　イ 竹　ウ 日干しれんが

(3) 三大穀物とよばれる作物は，米・小麦と，あと1つは何ですか。［とうもろこし］

ステージ 9

雨温図

雨温図を読み取ろう!

1 次の□にあてはまる語句を書きましょう。また，…と□をなぞって，雨温図を完成させましょう。

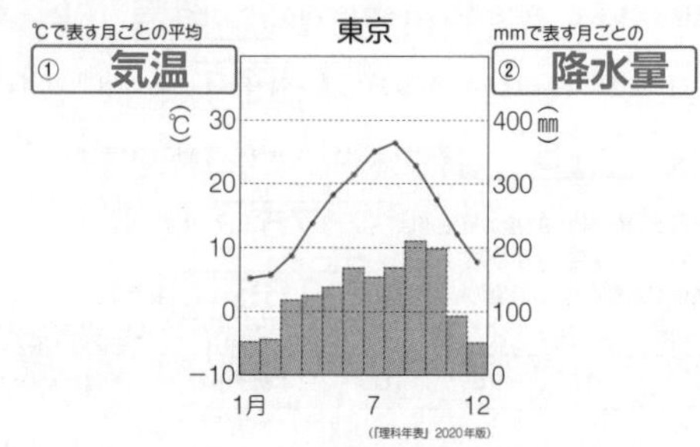

℃で表す月ごとの平均
① 気温
東京
mmで表す月ごとの
② 降水量
℃
30
20
10
0
−10
400
300
200
100
0
mm
1月
7
12
(『理科年表』2020年版)

2 次の問いに答えましょう。

(1) 雨温図で，気温を表すのは，折れ線グラフと棒グラフのどちらですか。［折れ線グラフ］

(2) 右の雨温図を見て，次の問いに答えましょう。

① 一年中気温が高い場所はどちらですか。［シンガポール］

② 6～8月に気温が低くなる南半球に位置している場所はどちらですか。［ブエノスアイレス］
北半球と南半球は季節が逆。

③ 年間降水量が多い場所はどちらですか。［シンガポール］

(『理科年表』2020年版)

ステージ 10

世界の宗教

世界の宗教の特色を知ろう!

1 次の□にあてはまる語句を，下の□の中から選びましょう。

(1) おもに東アジアで広く信仰されている宗教は，［仏教］です。
仏教はインドで開かれた。

(2) おもにヨーロッパやアメリカなどで広く信仰されている宗教は，［キリスト教］です。

(3) イスラム教は［ムハンマド］が開いた宗教です。

(4) インドでは現在，［ヒンドゥー教］が広く信仰されています。

(5) ［イスラム教］では，1日に5回のおいのりをします。

イスラム教　ムハンマド　仏教　キリスト教　ヒンドゥー教

2 次の問いに答えましょう。

(1) 三大宗教についてまとめた次の表の①～④にあてはまる語句を，あとから1つずつ選んで，記号を書きましょう。

	キリスト教	仏教	イスラム教
開いた人物	①	②	ムハンマド
教典	③	経	④

①［ウ］ ②［イ］ ③［エ］ ④［ア］

ア コーラン　イ シャカ　ウ イエス　エ 聖書

(2) イスラム教で口にするのが禁止されている動物は何ですか。［ぶた］
日の出から日没まで，何も口にしてはいけない，断食という行事もある。

確認テスト　2章

1 (1)A…熱帯　B…乾燥帯　C…温帯
(2)①…ウ　②…イ
(3)X…イ　Y…ア　Z…ウ　(4)ウ

解説 (2)②は組み立て式で移動できる住居です。
(3)ウはアンデス山脈でみられるポンチョです。

2 ①…ウ　②…イ　③…エ　④…ア

解説 ①は熱帯，②は乾燥帯，③は亜寒帯（冷帯），④は温帯に属する都市の雨温図です。

3 (1)①…イ　②…エ　③…ア　④…ウ
(2)牛　(3)コーラン　(4)イ

解説 (1)ヒンドゥー教はインドを中心に信仰されています。
(3)イスラム教はムハンマドが開いた宗教です。

ステージ 11 アジア州①

中国とインドをおさえよう!

1 中国とインドについて，地図中の□に入る語句を書きましょう。

北部を流れる川
④ 黄河
国名
② 中国
北部では小麦などの
⑤ 畑作
がさかん
エベレストがある
① ヒマラヤ
山脈
南部を流れる川
⑦ 長江
南部では米を栽培する
⑥ 稲作
がさかん
国名
③ インド

2 次の□にあてはまる語句を，下の[ ]の中から選びましょう。

(1) 世界の国々の中で人口が最も多いのは **中国** ，２番目に多いのは **インド** です。

1979 年から 2015 年まで実施された。

(2) 中国では人口の増加をおさえるために **一人っ子政策** を行ってきました。

(3) 中国の沿岸部には，外国企業を受け入れるために **経済特区** がつくられました。

(4) インドでは人口の約８割を **ヒンドゥー** 教徒がしめています。

[ヒンドゥー　インド　一人っ子政策　経済特区　中国]

ステージ 12 アジア州②

アジアの諸地域をおさえよう!

1 東南アジア，西アジア，中央アジアについて，地図中の□に入る語句を書きましょう。

季節によりふく方向が変わる
① 季節風
国名
② タイ
ベトナム
カンボジア
フィリピン
マレーシア
国名
③ シンガポール
インドネシア

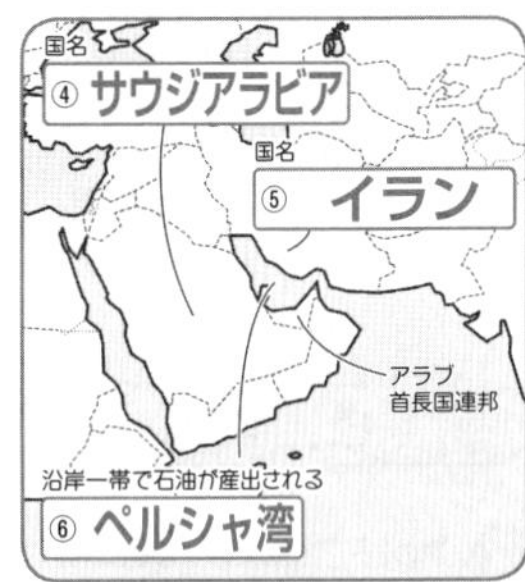
国名
④ サウジアラビア
国名
⑤ イラン
アラブ首長国連邦
沿岸一帯で石油が産出される
⑥ ペルシャ湾

2 次の□にあてはまる語句を，下の[ ]の中から選びましょう。

(1) 東南アジアでは年２回稲を栽培する **二期作** が行われています。

(2) マレーシアやインドネシアなどでは， **プランテーション** という大農園で天然ゴムなどが輸出用に栽培されています。

プランテーションは植民地時代に欧米人によって開かれた。

(3) 東南アジアの多くの国々は **ASEAN** に加盟しています。

(4) 西アジアの石油の産出量が多い国々は **OPEC** に加盟しています。

[OPEC　二期作　ASEAN　プランテーション]

ステージ 13 ヨーロッパ州①

ヨーロッパをおさえよう!

1 ヨーロッパについて，地図中の□に入る語句を書きましょう。

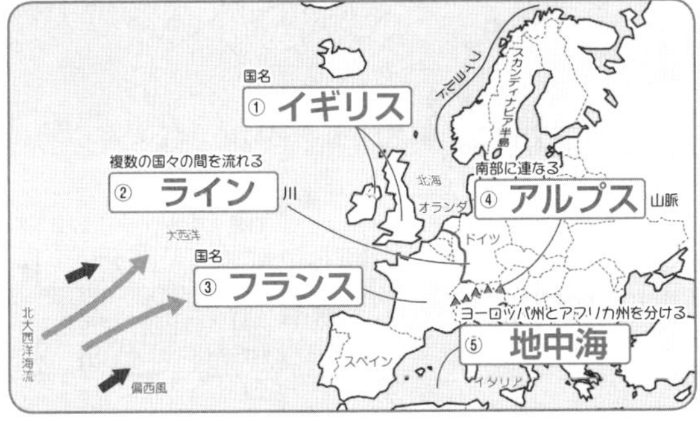
国名
① イギリス
スカンディナビア半島
フィヨルド
複数の国々の間を流れる
② ライン
川
北海
オランダ
南部に連なる
④ アルプス
山脈
ドイツ
大西洋
国名
③ フランス
ヨーロッパ州とアフリカ州を分ける
⑤ 地中海
スペイン
イタリア
北大西洋海流
偏西風

2 次の□にあてはまる語句を，下の[ ]の中から選びましょう。

(1) ヨーロッパは，暖流の **北大西洋海流** と西からふく **偏西風** の影響で，緯度が高いわりに温暖な地域が多いです。

(2) 夏にオリーブやぶどう，冬に小麦をつくる農業を **地中海式農業** といいます。 地中海性気候の地域でさかんな農業。

(3) 家畜の飼育と，穀物栽培を組み合わせた農業を **混合農業** といいます。

(4) ヨーロッパではおもに **キリスト** 教が信仰されています。

[キリスト　北大西洋海流　地中海式農業　偏西風　混合農業]

ステージ 14 ヨーロッパ州②

EUの特色をおさえよう!

1 次の□にあてはまる語句を，下の[ ]の中から選びましょう。

(1) ヨーロッパの国々は，経済や政治で協力するためにヨーロッパ共同体をつくりました。この組織の略称を **EC** といいます。

(2) 1993年にはヨーロッパ共同体を発展させて，ヨーロッパ連合がつくられました。この組織の略称を **EU** といいます。

(3) ヨーロッパ連合の加盟国の間では，貿易にかかる **関税** がありません。

(4) 工業化の進んでいる西ヨーロッパと，進んでいない東ヨーロッパとの間で **経済格差** が問題になっています。

[EU　経済格差　EC　関税]

2 次の問いに答えましょう。 EU 加盟国でユーロを使用していない国もある。

(1) 右の写真は，ヨーロッパ連合の共通通貨です。この通貨の名前を何といいますか。 **ユーロ**

(2) 右の図は，ヨーロッパ連合の加盟国の経済のようすを表しています。図を説明した次の文から，あてはまるものを１つ選んで，記号を書きましょう。 **ウ**

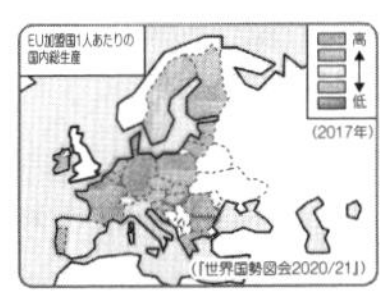
EU加盟国1人あたりの国内総生産
高
低
(2017年)
(「世界国勢図会2020/21」)

ア　東ヨーロッパの国々は経済が発展している。
イ　ヨーロッパの国々は平等に発展している。
ウ　西ヨーロッパの国々は経済が発展している。

ステージ 15

アフリカ州

アフリカをおさえよう!

1 アフリカの国や自然について，地図中の□に入る語句を書きましょう。

世界最大の
① サハラ 砂漠
世界一長い
② ナイル 川
アルジェリア
国名
⑤ エジプト
ガーナやコートジボワールで栽培される
③ カカオ
ナイジェリア
エチオピア
ナイジェリアやアルジェリアなどで産出される
④ 石油
国名
⑥ 南アフリカ 共和国

2 次の□にあてはまる語句を，下の□の中から選びましょう。

(1) かつてヨーロッパの国々は，アフリカのほぼ全域を **植民地** にしました。

(2) アフリカではコバルトなどの **レアメタル** が産出されます。

(3) 特定の農産物や資源の輸出にたよる経済を **モノカルチャー** 経済といいます。コーヒーや茶などの農産物，石油や天然ゴムなどの資源があげられる。

(4) アフリカでは，輸出向けの農産物が **プランテーション** で栽培されています。

モノカルチャー　植民地　レアメタル　プランテーション

確認テスト

3章

1 (1)中国…A　インド…B　(2)漢民族　(3)イ
(4)ア，エ
(5)プランテーション
(6)①…イ　②…エ　③…オ

解説 (6)ペルシャ湾（わん）は石油の一大産地です。

2 (1)偏西風　(2)アルプス山脈
(3)①…混合農業　②…地中海式農業
(4)ウ

解説 (4)EU加盟国間では，人やものの移動が自由で，貿易に関税（かんぜい）がかかりません。

3 (1)X…ナイル川　Y…サハラ砂漠
(2)ア
(3)①…レアメタル　②…モノカルチャー

解説 (3)②農産物や資源は価格の変動が大きいため，経済が不安定になりがちです。

ステージ 16

北アメリカ州①

北アメリカの自然と農業をおさえよう!

1 北アメリカの自然と農業について，地図中の□に入る語句を書きましょう。

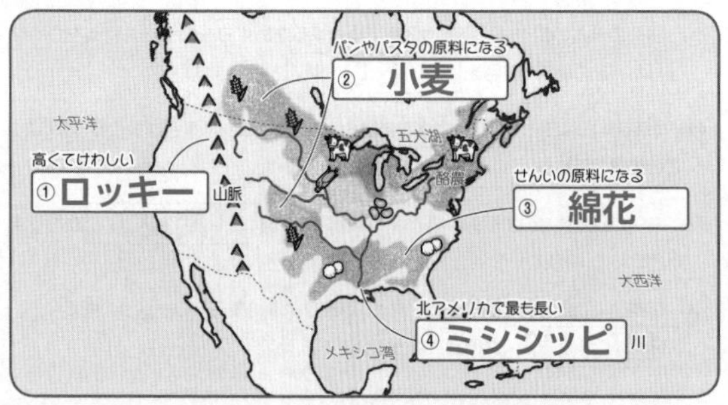

パンやパスタの原料になる
② 小麦
太平洋
五大湖
高くてけわしい
① ロッキー 山脈
酪農
せんいの原料になる
③ 綿花
大西洋
北アメリカで最も長い
④ ミシシッピ 川
メキシコ湾

2 次の□にあてはまる語句を，下の□の中から選びましょう。

(1) 北アメリカは，西岸が **太平洋**，東岸が **大西洋** に面しています。

(2) 五大湖周辺では，乳牛（にゅうぎゅう）を飼育してバターやチーズなどをつくる **酪農** が行われています。

(3) 地域ごとの自然環境に合わせて農産物を生産することを **適地適作** といいます。

(4) アメリカ合衆国では規模が大きくて機械化された，**企業的** な農業がおもに行われています。大農場で大型機械を使う農業。

企業的　太平洋　酪農　大西洋　適地適作

ステージ 17

北アメリカ州②

北アメリカの工業をおさえよう!

1 北アメリカの工業について，地図中の□に入る語句や数字を書きましょう。

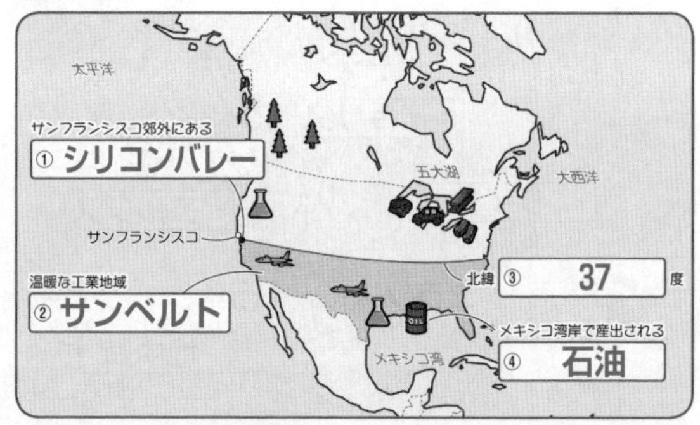

太平洋
サンフランシスコ郊外にある
① シリコンバレー
五大湖
大西洋
サンフランシスコ
北緯 ③ 37 度
温暖な工業地域
② サンベルト
メキシコ湾岸で産出される
④ 石油
メキシコ湾

2 次の□にあてはまる語句を，下の□の中から選びましょう。

(1) カナダでは **木材** を産する森林資源が豊富です。

(2) 五大湖周辺では **鉄鋼** 業や **自動車** 工業が発展しました。

(3) サンベルトでは，コンピューター産業や航空宇宙産業などの **先端技術産業** がさかんです。サンベルトは労働力が豊富で安くて広大な土地にめぐまれている。

鉄鋼　先端技術産業　自動車　木材

ステージ 18

北アメリカ州③

北アメリカのくらしをおさえよう!

1 次の□にあてはまる語句を，下の□の中から選びましょう。

(1) 16世紀以降，ヨーロッパの国々は北アメリカに 植民地 をつくりました。

(2) かつて北アメリカでは，労働力不足を補うために，多くの 奴隷 がアフリカから連れてこられました。
南部に広がる綿花地帯の労働力として連れてこられた。

(3) 近年，アメリカでは ヒスパニック とよばれる移民が増えています。

(4) アメリカ合衆国で発達した 大量生産 ・ 大量消費 の生活は，世界中に広がりました。

植民地　大量生産　奴隷　ヒスパニック　大量消費

2 次の問いに答えましょう。

(1) メキシコなどからアメリカに移住してきたヒスパニックがおもに話す言語を，次から1つ選んで，記号を書きましょう。 イ
ア フランス語　イ スペイン語　ウ ポルトガル語

(2) ヨーロッパに植民地にされる前に，北アメリカにもともと住んでいた人々を何といいますか。 先住民
ネイティブアメリカンも可。

(3) ヨーロッパなどからアメリカに移り住んできた人々を何といいますか。 移民

ステージ 19

南アメリカ州

南アメリカをおさえよう!

1 南アメリカについて，地図中の□に入る語句を書きましょう。

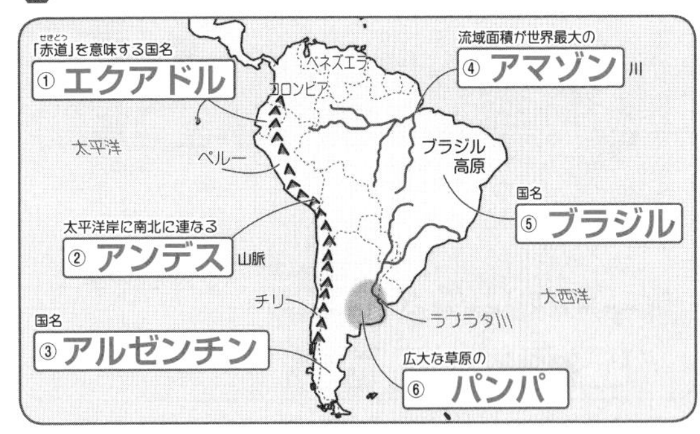

「赤道」を意味する国名
① エクアドル
ベネズエラ
コロンビア
流域面積が世界最大の
④ アマゾン 川
太平洋
ペルー
ブラジル高原
国名
⑤ ブラジル
太平洋岸に南北に連なる
② アンデス 山脈
チリ
大西洋
ラプラタ川
国名
③ アルゼンチン
広大な草原の
⑥ パンパ

2 次の□にあてはまる語句を，下の□の中から選びましょう。

(1) 南アメリカでは先住民の帝国がさかえていましたが，ほろぼされてヨーロッパ諸国の 植民地 となりました。

(2) 南アメリカでは，かわいた木を燃やし，灰を肥料にする 焼畑農業 がさかんです。

(3) 南アメリカでは，さとうきびやとうもろこしを原料とする バイオ燃料 の生産がさかんです。
バイオ燃料は地球環境にやさしい燃料である。

バイオ燃料　焼畑農業　植民地

ステージ 20

オセアニア州

オセアニアをおさえよう!

1 オセアニアについて，地図中の□に入る語句を書きましょう。

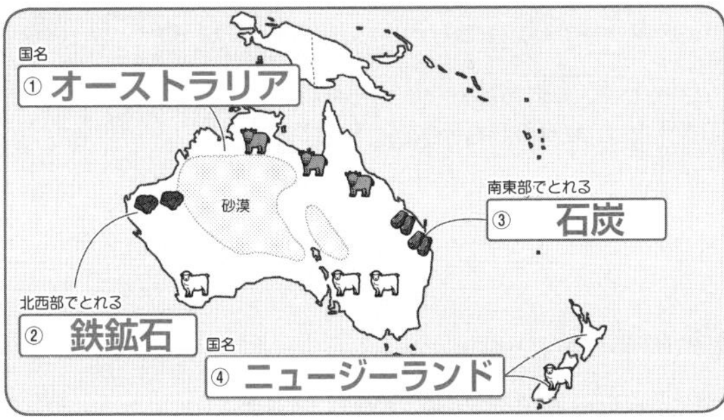

国名
① オーストラリア
砂漠
南東部でとれる
③ 石炭
北西部でとれる
② 鉄鉱石
国名
④ ニュージーランド

2 次の□にあてはまる語句を，下の□の中から選びましょう。

(1) オーストラリアの先住民を アボリジニ といいます。

(2) オーストラリアではかつて，白人以外の移民を禁止する 白豪主義 の政策がとられていました。
1970年代に廃止された。

(3) ヨーロッパやアジアからの移民が増えたオーストラリアでは，おたがいの文化を尊重しあう 多文化社会 になっています。

多文化社会　アボリジニ　白豪主義

確認テスト 4章

1 (1)X…ロッキー山脈　Y…ミシシッピ川
(2)A…エ　B…イ　C…ウ　D…ア
(3)①…ウ　②…ア　③…カ
(4)ヒスパニック

解説 (2)(3)南部のサンベルトは温暖な気候で，綿花の栽培がさかんです。工業では先端技術産業がさかんです。

2 (1)X…アマゾン川　Y…アンデス山脈
(2)イ　(3)焼畑農業

解説 (2)バイオ燃料は植物を原料にしたもので，南アメリカではさとうきびを利用した生産がさかんです。

3 (1)①…ウ　②b…多文化(社会)
c…白豪(主義)　(2)ウ

解説 (2)オーストラリアの西部では鉄鉱石，東部では石炭の産出がさかんです。

ステージ 21
身近な地域の調査
地形図を読み取ろう!

1 次の□にあてはまる語句を書きましょう。

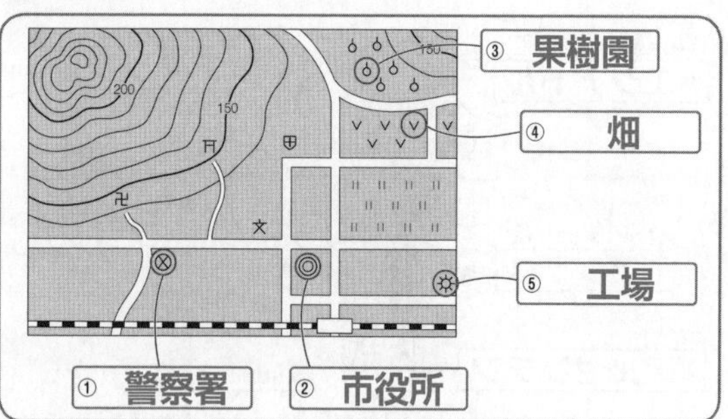

③ 果樹園
④ 畑
⑤ 工場
① 警察署
② 市役所

2 次の問いに答えましょう。

(1) 実際の距離を地形図上で縮めた割合を何といいますか。 縮尺
実際の距離は(地形図上の長さ)×(縮尺の分母)で計算する。

(2) 地形図中で，同じ高さの地点を結んだ線を何といいますか。 等高線
間隔がせまいところは傾斜が急で，広いところは傾斜がゆるやか。

(3) 右の地形図を正しく説明しているものを，次から1つ選んで，記号を書きましょう。 ア

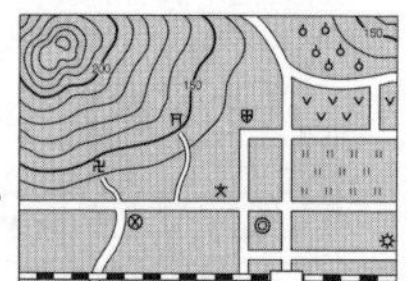

ア 山のふもとに果樹園があります。
イ 駅から北へまっすぐ進むと警察署があります。
ウ 東西にのびる道沿いに図書館があります。
エ 駅の西側に工場があります。

ステージ 22
大地のようす
大地の特色をおさえよう!

1 世界の地形について，地図中の□に入る語句を書きましょう。

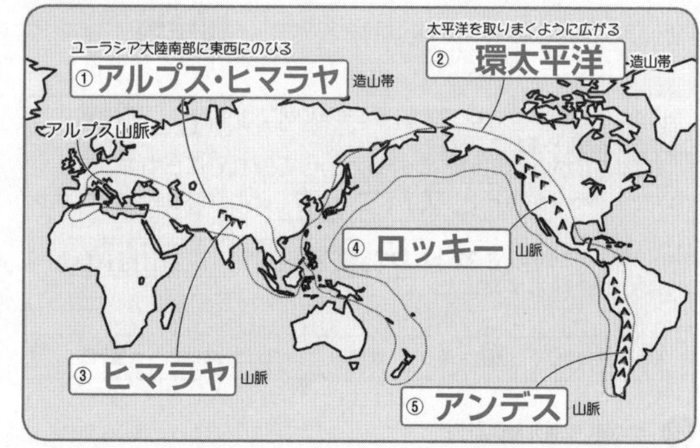

ユーラシア大陸南部に東西にのびる
① アルプス・ヒマラヤ 造山帯
太平洋を取りまくように広がる
② 環太平洋 造山帯
アルプス山脈
④ ロッキー 山脈
③ ヒマラヤ 山脈
⑤ アンデス 山脈

2 次の□にあてはまる語句を，下の□の中から選びましょう。

(1) 造山帯 には高くけわしい山地や山脈が連なっています。

(2) 環太平洋造山帯は，アンデス山脈から ロッキー 山脈，ニュージーランドにかけて，太平洋をとりかこむように広がっています。
日本列島も環太平洋造山帯にふくまれる。

(3) 地震や火山活動が少なく，大地が安定している地域を 安定大陸 といいます。

ロッキー　安定大陸　造山帯

ステージ 23
日本の自然と環境①
日本の山地と海岸をおさえよう!

1 日本の山地や海岸について，地図中の□に入る語句を書きましょう。

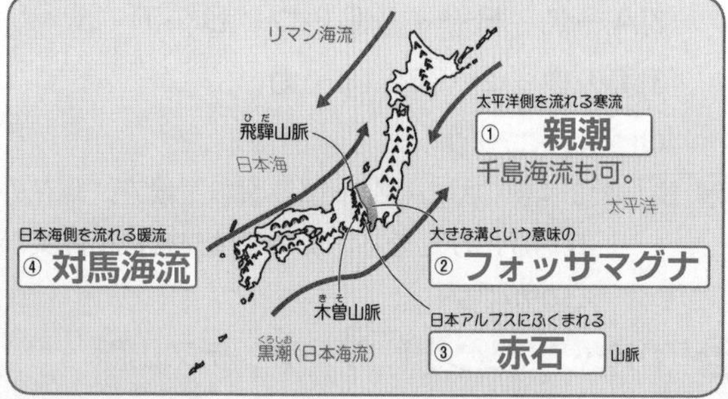

リマン海流
飛驒山脈
日本海
太平洋側を流れる寒流
① 親潮
千島海流も可。
太平洋
日本海側を流れる暖流
④ 対馬海流
大きな溝という意味の
② フォッサマグナ
木曽山脈
日本アルプスにふくまれる
黒潮(日本海流)
③ 赤石 山脈

2 次の□にあてはまる語句を，下の□の中から選びましょう。

(1) 飛驒山脈，木曽山脈，赤石山脈をあわせて 日本アルプス といいます。 日本アルプスは「日本の屋根」ともよばれる。

(2) 日本の太平洋側を流れる暖流を 黒潮 といいます。
日本海流ともいう。

(3) 三陸海岸や志摩半島などに見られる，のこぎりの歯のような形をした海岸を リアス海岸 といいます。

(4) フォッサマグナを境に，東側では山地が 南北 にのびています。

黒潮　日本アルプス　リアス海岸　南北

ステージ 24
日本の自然と環境②
日本の川と平野をおさえよう!

1 次の□にあてはまる語句を，下の□の中から選びましょう。

(1) 内陸にあり，まわりを山に囲まれた平らな土地を 盆地 といいます。

(2) 扇状地は，水がしみこみやすいという特色から 果樹園 に適しています。 山梨県甲府盆地などに見られる。

(3) 川の河口に土砂がたまってできる三角形の地形を 三角州 といいます。

果樹園　三角州　盆地

2 次の問いに答えましょう。

(1) 日本の川について，右の図から読みとれることを，次から選んで，記号を書きましょう。 イ

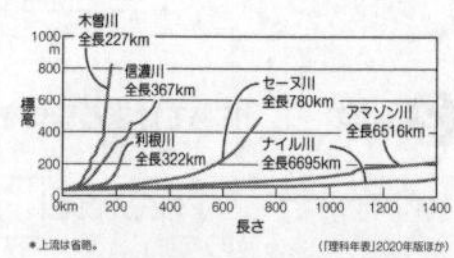

木曽川 全長227km
信濃川 全長367km
利根川 全長322km
セーヌ川 全長780km
アマゾン川 全長6516km
ナイル川 全長6695km
標高
長さ

ア 長さが長く，流れがゆるやか。
イ 長さが短く，流れが急。
ウ 長さが短く，流れがゆるやか。

(2) 右の図について正しく説明したものを，次から選んで，記号を書きましょう。 ア

ア 扇状地といい，果樹園に適している。
イ 三角州といい，水田に適している。
ウ 扇状地といい，川の河口につくられる。

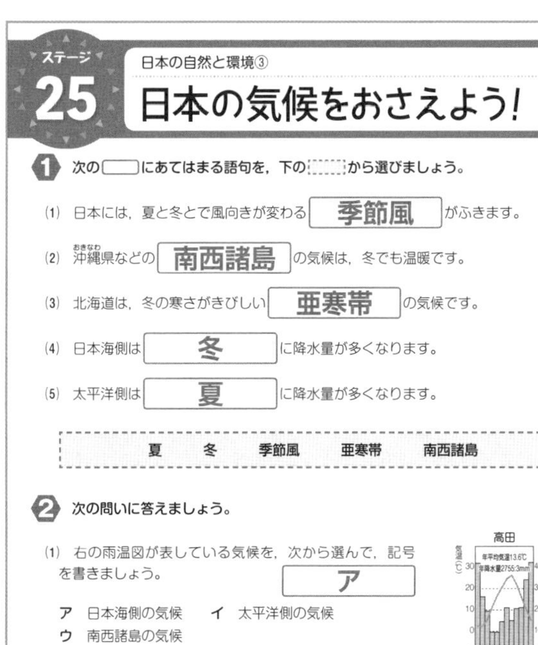

ステージ 25 日本の自然と環境③

日本の気候をおさえよう！

1 次の［　］にあてはまる語句を，下の［　］から選びましょう。

(1) 日本には，夏と冬とで風向きが変わる［季節風］がふきます。

(2) 沖縄県などの［南西諸島］の気候は，冬でも温暖です。

(3) 北海道は，冬の寒さがきびしい［亜寒帯］の気候です。

(4) 日本海側は［冬］に降水量が多くなります。

(5) 太平洋側は［夏］に降水量が多くなります。

夏　冬　季節風　亜寒帯　南西諸島

2 次の問いに答えましょう。

(1) 右の雨温図が表している気候を，次から選んで，記号を書きましょう。［ア］

ア 日本海側の気候　イ 太平洋側の気候
ウ 南西諸島の気候

冬に降水量が多いのは日本海側。

高田
年平均気温13.6℃
年降水量2755.3mm
（「理科年表」2020年版）

(2) 夏の季節風（モンスーン）の風向きを表している矢印を，地図中のA，Bから選んで，記号を書きましょう。［B］

A
B

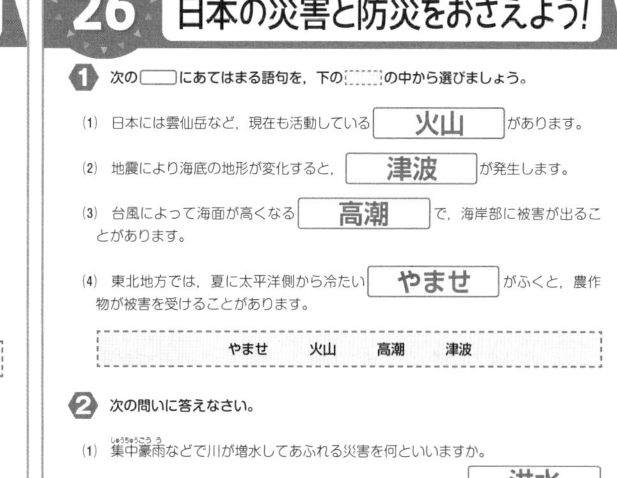

ステージ 26 日本の自然と環境④

日本の災害と防災をおさえよう！

1 次の［　］にあてはまる語句を，下の［　］の中から選びましょう。

(1) 日本には雲仙岳など，現在も活動している［火山］があります。

(2) 地震により海底の地形が変化すると，［津波］が発生します。

(3) 台風によって海面が高くなる［高潮］で，海岸部に被害が出ることがあります。

(4) 東北地方では，夏に太平洋側から冷たい［やませ］がふくと，農作物が被害を受けることがあります。

やませ　火山　高潮　津波

2 次の問いに答えなさい。

(1) 集中豪雨などで川が増水してあふれる災害を何といいますか。［洪水］

(2) 大雨などによって大量の土砂が斜面を流れる現象を何といいますか。［土石流］

(3) 東北地方では，夏にふくやませの影響で農作物が育たなくなることがあります。このような被害を何といいますか。［冷害］

冷害は春から夏にかけて気温が上がらないことから起こる。

(4) 災害が予測される地域で，被害を最小限に減らすための取り組みを何といいますか。［減災］

(5) 災害の被害予測や避難場所などを示した地図を，カタカナで何といいますか。［ハザードマップ］

防災マップともいう。

確認テスト

5章

1 (1)イ　(2)エ

解説 (2)地図はふつう，上が北を指します。方位記号がある場合は，記号が示す方向が北です。

2 A…アルプス・ヒマラヤ造山帯
B…環太平洋造山帯

解説 Aはアルプス山脈やヒマラヤ山脈，Bはアンデス山脈やロッキー山脈，日本がふくまれます。

3 (1)ア　(2)フォッサマグナ
(3)リアス海岸　(4)イ

解説 (4)Aの親潮は寒流，Bの黒潮は暖流です。

4 (1)イ　(2)①…イ　②…エ　③…オ　④…カ

解説 (1)日本は国土が細長く山がちであるため，川が短く，流れが急です。

5 (1)①…オ　②…ア　③…ウ　④…イ
(2)ウ

解説 (2)高潮は，台風などによる気圧の変化で起こります。

ステージ 27 人口の特色

日本の人口と課題をおさえよう！

1 次の［　］にあてはまる語句を，下の［　］の中から選びましょう。

(1) アジアやアフリカ，南アメリカなどでは人口が急激に増える［人口爆発］が起きています。発展途上国で多く見られる。

(2) 日本は現在，子どもの数が少なく，高齢者の数が多い［少子高齢社会］になっています。

(3) 年齢ごとに人口の割合を表したグラフを［人口ピラミッド］といいます。

(4) 都市部に人口が集中することを［過密］といいます。

交通渋滞やごみ処理問題が深刻化している。

過密　少子高齢社会　人口爆発　人口ピラミッド

2 次の問いに答えましょう。

(1) 下のグラフのうち，現在の日本の人口のようすを表しているグラフはどれですか。次から1つ選んで，記号を書きましょう。［ウ］

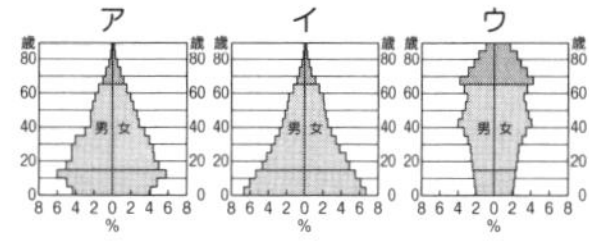
ア
イ
ウ
男
女

(2) 農村部などで人口の減少と高齢化が進むことを何といいますか。［過疎］

ステージ 28

資源・エネルギーの特色

資源とエネルギーを知ろう!

1 次の□にあてはまる語句を，下の□の中から選びましょう。

(1) 石油は **ペルシャ湾** 周辺の西アジアで多く産出されます。

(2) 日本は，化石燃料を燃やして発電する **火力発電** が中心です。

(3) ウランなどの核燃料を利用して発電する方法を **原子力発電** といいます。

(4) 風力や太陽光などの **再生可能エネルギー** を利用した発電が進められています。

再生可能エネルギーは二酸化炭素や有害な廃棄物の排出が少ない。

再生可能エネルギー　原子力発電　ペルシャ湾　火力発電

2 次の問いに答えましょう。

(1) 石油，石炭，鉄鉱石などの資源をまとめて何といいますか。

鉱産資源

(2) 再生可能エネルギーを利用した発電方法を，次から1つ選んで，記号を書きましょう。

ア 火力発電　イ 風力発電　ウ 原子力発電

イ

(3) 2011年に起きた東日本大震災の影響で，発電量が大きく減少した発電を，次から1つ選んで，記号を書きましょう。

ア 火力発電　イ 水力発電　ウ 原子力発電

ウ

ステージ 29

日本の産業①

日本の農業をおさえよう!

1 次の□にあてはまる語句を，下の□の中から選びましょう。

(1) 東北地方や新潟県などでは **米** の生産がさかんです。

(2) 青森県や長野県では **りんご** の栽培がさかんです。

(3) 鹿児島県では **ぶた** などの畜産がさかんです。

(4) 和歌山県や愛媛県などでは **みかん** の栽培がさかんです。

(5) 外国の安い農産物の輸入により，日本は **食料自給率** が低下しています。

ぶた　みかん　食料自給率　米　りんご

2 次の問いに答えましょう。

(1) 宮崎平野や高知平野で，冬でも温暖な気候を利用して行われている農業を何といいますか。

促成栽培

促成栽培は出荷時期を早める栽培方法。

(2) 長野県などで，夏のすずしい気候を利用して行われている農業を何といいますか。

抑制栽培

抑制栽培は出荷時期をおくらせる栽培方法。

(3) 野菜などを，新鮮(しんせん)なまま出荷するため，大都市の周辺で行われている農業を何といいますか。

近郊農業

(4) 九州南部などでさかんに行われている，ぶたやにわとりなどを飼育する農業を何といいますか。

畜産

ステージ 30

日本の産業②

日本の工業をおさえよう!

1 日本の工業地帯・地域について，地図中の□に入る語句を書きましょう。

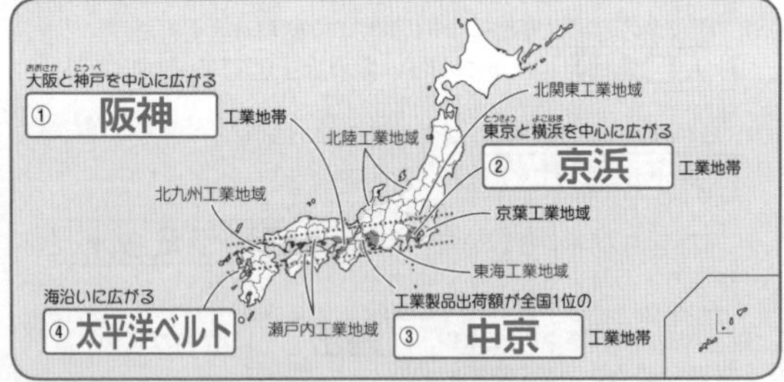

大阪(おおさか)と神戸(こうべ)を中心に広がる
① 阪神 工業地帯
北陸工業地域
北関東工業地域
東京と横浜(よこはま)を中心に広がる
② 京浜 工業地帯
北九州工業地域
京葉工業地域
東海工業地域
海沿いに広がる
④ 太平洋ベルト
瀬戸内工業地域
工業製品出荷額が全国1位の
③ 中京 工業地帯

2 次の□にあてはまる語句を，下の□の中から選びましょう。

(1) 交通網(もう)の発達により，内陸部に **工業団地** がつくられました。

(2) 中京工業地帯では **自動車** の生産がさかんです。

(3) 多くの日本企業は，海外にも工場をもつ **多国籍企業** として生産を行っています。

(4) 海外への工場移転などにより，国内の工場が減少する「**産業の空洞化**」が起きています。

日本では1980年代後半に，自動車産業が海外の工場で現地生産をはじめた。

産業の空洞化　多国籍企業　工業団地　自動車

確認テスト 6章

1 (1)A…イ　B…ウ　(2)人口爆発

(3)①…少子高齢化　②…過密

解説 (1)アジア州には人口が世界で最も多い中国(ちゅうごく)と，2番目に多いインドがあります。

2 (1)ウ　(2)イ，エ

解説 (1)Xが石油，Yが石炭，Zが鉄鉱石の分布を示しています。

3 (1)イ　(2)①…ウ　②…イ

解説 (1)アは九州(きゅうしゅう)南部，ウは青森(あおもり)県や長野(ながの)県，エは高(こう)知(ち)県などで生産がさかんです。

4 (1)太平洋ベルト　(2)イ

(3)①…原料(や燃料)　②…産業の空洞化

解説 (2)中京(ちゅうきょう)工業地帯について説明している文です。アは京浜(けいひん)工業地帯，ウは阪神(はんしん)工業地帯です。

ステージ 31

九州地方①

九州地方の自然をおさえよう!

1 九州地方の自然について，地図中の□に入る語句を書きましょう。

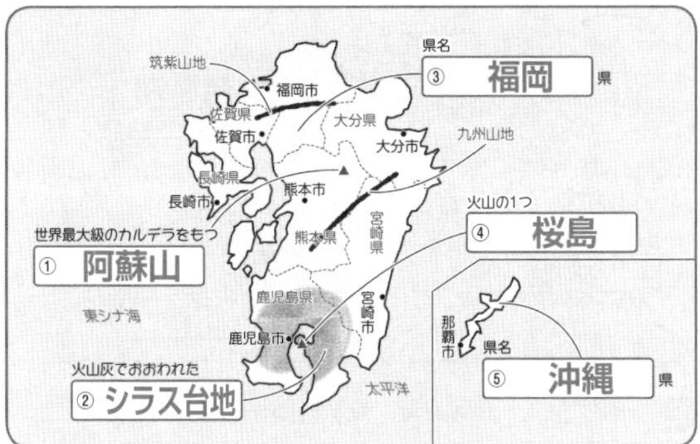

筑紫山地
県名
③ 福岡 県
福岡市
佐賀県
佐賀市
大分県
大分市
九州山地
長崎県
長崎市
熊本市
熊本県
宮崎県
火山の1つ
④ 桜島
世界最大級のカルデラをもつ
① 阿蘇山
東シナ海
鹿児島県
鹿児島市
宮崎市
那覇市
県名
⑤ 沖縄 県
火山灰でおおわれた
② シラス台地
太平洋

2 次の□にあてはまる語句を，下の⬚の中から選びましょう。

(1) 噴火でできた阿蘇山の **カルデラ** は世界最大級の大きさです。

(2) 九州地方は火山の熱を利用した， **地熱** 発電がさかんです。

(3) 南西諸島は，一年を通して気温が高い **亜熱帯** の気候です。

(4) 南西諸島の地域では， **さんご礁** が見られる海が広がっています。

さんご礁は水温が高くてきれいな海にできる。

亜熱帯　地熱　カルデラ　さんご礁

ステージ 32

九州地方②

九州地方の産業をおさえよう!

1 次の□にあてはまる語句を，下の⬚の中から選びましょう。

(1) 筑紫平野では， **稲作** がさかんです。

(2) シラス台地では，ぶたやにわとりなどの **畜産業** がさかんです。

(3) 宮崎平野では，野菜などを早い時期に出荷する **促成栽培** が行われています。

(4) 九州地方の空港や高速道路沿いには， **IC 工場** が進出しています。

IC 工場　畜産業　稲作　促成栽培

2 次の問いに答えましょう。

(1) 九州北部で，鉄鋼業を中心に発達した工業地域を何といいますか。

かつては四大工業地帯に数えられたが，現在その地位は低下している。 **北九州工業地域**

(2) 促成栽培がさかんな，九州地方にある平野を何といいますか。

宮崎平野

(3) 右のグラフはぶたの都道府県別の飼育頭数の割合を示しています。Xの県はどこですか。次から選んで，記号を書きましょう。

ウ

ア 福岡　イ 長崎　ウ 鹿児島

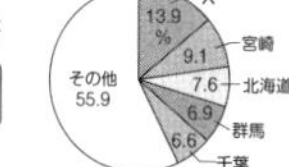

13.9%
X
9.1
宮崎
7.6
北海道
6.9
群馬
6.6
千葉
その他 55.9

(2019年)（「日本国勢図会2020/21」）

(4) エネルギー源の中心が石炭から石油にかわったことを何といいますか。

エネルギー革命

ステージ 33

中国・四国地方①

中国・四国地方の自然をおさえよう!

1 中国・四国地方の自然について，地図中の□に入る語句を書きましょう。

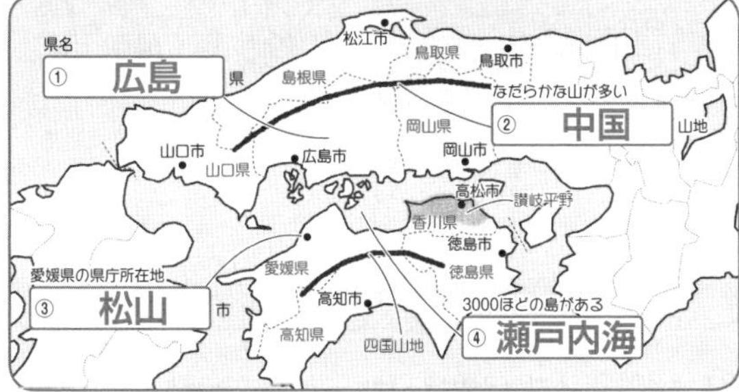

県名
① 広島 県
松江市
鳥取県
鳥取市
島根県
なだらかな山が多い
② 中国 山地
岡山県
山口市
山口県
広島市
岡山市
高松市
讃岐平野
香川県
徳島市
愛媛県の県庁所在地
③ 松山 市
愛媛県
徳島県
高知市
3000ほどの島がある
④ 瀬戸内海
高知県
四国山地

2 次の□にあてはまる語句を，下の⬚の中から選びましょう。

(1) 中国・四国地方は **山陰** ・瀬戸内・南四国の３つに分けられます。

(2) 中国・四国地方は， **季節風** の影響で，日本海側では冬に雪や雨が多く，太平洋側では夏に雨が多くなります。

(3) 讃岐平野では，水不足にそなえて， **ため池** がつくられてきました。

(4) 島根県の県庁所在地は **松江** 市です。

近年は用水などができたため，ため池の役割は低下している。

松江　山陰　季節風　ため池

ステージ 34

中国・四国地方②

中国・四国地方の産業をおさえよう!

1 次の□にあてはまる語句を，下の⬚の中から選びましょう。

(1) 四国の **高知平野** では，なすやきゅうりの促成栽培がさかんです。

(2) 広島県では，かきの **養殖** がさかんです。

(3) 愛媛県は **みかん** の栽培がさかんで，全国で２位の生産量です。

(4) 瀬戸内工業地域には **石油化学コンビナート** が建設され，さまざまな工場が集まっています。

石油化学コンビナート　養殖　高知平野　みかん

2 次の問いに答えましょう。

(1) 右のグラフは瀬戸内工業地域の工業生産額の割合のグラフです。Xにあてはまる工業を次から１つ選んで，語句を書きましょう。

（金属　機械　化学　食料品）

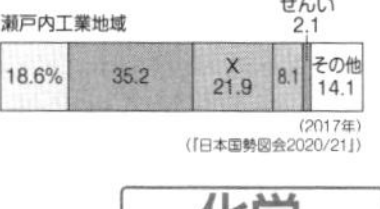

瀬戸内工業地域
せんい 2.1
18.6%
35.2
X 21.9
8.1
その他 14.1

(2017年)（「日本国勢図会2020/21」）

化学

(2) 本州四国連絡橋のうち，岡山県と香川県を結ぶ橋を何といいますか。

1988 年に完成した児島・坂出ルートである。 **瀬戸大橋**

(3) 山陰（さんいん）や南四国（みなみしこく）ですすんでいる，人口流出と高齢化により，地域社会がおとろえる現象を何といいますか。

過疎

(4) 高齢化が進み，消滅のおそれのある地域を何といいますか。

限界集落

確認テスト　7章

1 (1)A…阿蘇山　B…宮崎平野

(2)カルデラ　(3)那覇(市)

解説　(3)Cは沖縄県です。

2 (1)①…ウ　②…ア　③…エ　④…イ

(2)ウ　(3)エ

解説　(1)アは筑紫平野，イは宮崎平野，ウはシラス台地，エは沖縄県を示しています。

3 (1)讃岐平野　(2)イ

(3)①…山陰　②…南四国　③…瀬戸内

解説　(2)瀬戸内海の気候に属し，一年を通じて雨が少ないためです。

4 (1)①…イ　②…ウ

(2)瀬戸内工業地域　(3)ウ

解説　(3)岡山県と香川県を結ぶのは瀬戸大橋です。

ステージ35　近畿地方①　近畿地方の自然をおさえよう!

1 近畿地方の自然について，地図中の□に入る語句を書きましょう。

リアス海岸
日本最大の湖
② 琵琶湖
兵庫県
京都府
京都市
滋賀県
大津市
三重県の県庁所在地
④ 津 市
神戸市
大阪市
奈良市
奈良県
三重県
和歌山市
志摩半島
リアス海岸
三大都市圏の1つの中心
① 大阪 府
林業がさかんな
③ 紀伊 山地
和歌山県

2 次の□にあてはまる語句を，下の□の中から選びましょう。

(1) 志摩半島や若狭湾は，複雑な海岸線をした **リアス海岸** になっています。

工場廃水などが流れこみ汚染が進んだ。

(2) 琵琶湖では，赤潮の発生などの **環境問題** が起きています。

(3) 近畿地方の南部は暖流の **黒潮** の影響で温暖です。

(4) 近畿地方の北部は **北西** の季節風の影響で雪が多く降ります。

(5) 滋賀県の県庁所在地は **大津** 市です。

大津　環境問題　リアス海岸　黒潮　北西

ステージ36　近畿地方②　近畿地方の産業をおさえよう!

1 次の□にあてはまる語句を，下の□の中から選びましょう。

(1) 兵庫県神戸市には，海をうめたてた **ポートアイランド** という人工島があります。

(2) 和歌山県は **みかん** の生産量が全国1位です。

(3) 紀伊山地ではすぎやひのきなどを生産する **林業** がさかんです。

(4) 歴史が長い京都と奈良にある多くの文化財は， **世界遺産** に登録されています。

林業　みかん　世界遺産　ポートアイランド

2 次の問いに答えましょう。

(1) 大阪と神戸を中心に広がる工業地帯を何といいますか。 **阪神工業地帯**

阪神工業地帯は金属工業や化学工業がさかん。

(2) 近畿地方で，都市部の大消費地向けの農産物を生産する農業を何といいますか。 **近郊農業**

(3) 京都の西陣織など，古くから受け継がれてきた手工業品を何といいますか。 **伝統的工芸品**

(4) 右は国宝・重要文化財の建造物数をグラフにしたものです。Xにあてはまる都道府県名を書きましょう。 **京都(府)**

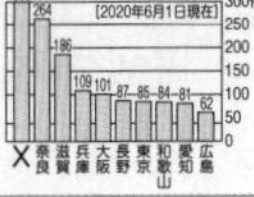

[2020年6月1日現在]
300件
X

ステージ37　中部地方①　中部地方の自然をおさえよう!

1 中部地方の自然について，地図中の□に入る語句を書きましょう。

飛騨・木曽・赤石山脈の総称
① 日本アルプス
日本で最も長い
② 信濃川
新潟市
石川県
富山市
新潟県
金沢市
富山県
長野市
福井市
岐阜県
長野県
福井県
山梨県
山梨県の県庁所在地
輪中が見られる
③ 濃尾 平野
岐阜市
名古屋市
愛知県
静岡市
富士山
静岡県
④ 甲府 市

2 次の□にあてはまる語句を，下の□の中から選びましょう。

(1) 中部地方を3つに分けると，日本海側は **北陸** といいます。

(2) 中部地方を3つに分けると，太平洋側は **東海** といいます。

(3) 中部地方の内陸側で雨の少ない地域を **中央高地** といいます。

(4) 洪水の被害が多かった濃尾平野の西部では， **輪中** という堤防に囲まれた集落がつくられてきました。

低湿地に見られる，周囲に堤防をめぐらせた集落。

(5) 石川県の県庁所在地は **金沢** 市です。

輪中　金沢　北陸　東海　中央高地

ステージ 38
中部地方②
中部地方の産業をおさえよう!

1 次の□にあてはまる語句を，下の[ ]の中から選びましょう。

(1) 北陸は日本を代表する **水田単作** の地域です。
(2) 山梨県では **ぶどう** の生産が全国1位です。
(3) 愛知県名古屋市を中心に広がる **中京工業地帯** は，日本最大の工業地帯です。
(4) 東海では温暖な気候を利用した **施設園芸農業** がさかんです。ビニールハウスで電照菊やメロンを栽培。
(5) 石川県では，伝統的工芸品の **輪島塗** が有名です。

中京工業地帯　輪島塗　ぶどう　施設園芸農業　水田単作

2 中部地方の産業について，次の問いに答えましょう。

(1) 中央高地で夏のすずしい気候を利用して栽培される野菜をまとめて何といいますか。 **高原野菜**
(2) 静岡県を中心に広がる工業地域を何といいますか。 **東海工業地域**
(3) 地元の原料をいかし，地域との結びつきが強い産業を何といいますか。 **地場産業**
(4) 輪島塗や小千谷ちぢみなど，古くから伝わる工芸品を何といいますか。 **伝統的工芸品**
輪島塗は石川県，小千谷ちぢみは新潟県。
(5) 中京工業地帯で最もさかんな工業を，次から選んで，記号を書きましょう。
ア 自動車工業　イ せんい工業　ウ 金属工業　 **ア**

確認テスト 

1 (1)A…琵琶湖　B…紀伊山地
(2)リアス海岸　(3)イ
解説 (3)Eは兵庫県です。

2 (1)近郊農業　(2)阪神工業地帯
(3)①…イ　②…カ　位置…B
解説 (3)国宝・重要文化財の数が最も多いことから京都です。

3 (1)信濃川　(2)日本アルプス
(3)①…イ　②…ウ　③…ア
解説 (3)アは日本海側の気候，イは内陸(性)の気候，ウは太平洋側の気候に属する都市です。

4 (1)①…ウ　②…ア　③…イ
(2)イ　(3)地場産業
解説 (1)②北陸は水田単作の地域で，新潟県は米の生産量が日本一です。

ステージ 39
関東地方①
関東地方の自然をおさえよう!

1 関東地方の自然について，地図中の□に入る語句を書きましょう。

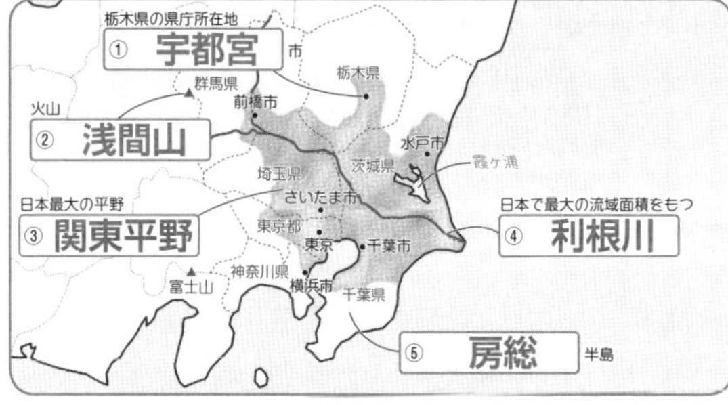
栃木県の県庁所在地
① 宇都宮 市
群馬県
前橋市
栃木県
火山
② 浅間山
水戸市
霞ケ浦
茨城県
埼玉県
さいたま市
日本最大の平野
③ 関東平野
日本で最大の流域面積をもつ
④ 利根川
東京都
東京
千葉市
神奈川県
富士山
横浜市
千葉県
⑤ 房総 半島

2 次の□にあてはまる語句を，下の[ ]の中から選びましょう。

(1) 関東平野は，**関東ローム** とよばれる赤土におおわれています。富士山や浅間山の噴火により火山灰がつもってできた。
(2) 冬の関東地方には，**からっ風** とよばれる冷たい季節風がふきます。
(3) 神奈川県の県庁所在地は **横浜** 市です。
(4) 東京都などの中心部では，気温が周辺より高くなる **ヒートアイランド** 現象が発生することがあります。

横浜　ヒートアイランド　からっ風　関東ローム

ステージ 40
関東地方②
関東地方の産業をおさえよう!

1 次の□にあてはまる語句を，下の[ ]の中から選びましょう。

(1) **群馬** 県嬬恋村ではキャベツなどの高原野菜の生産がさかんです。
(2) 関東ロームにおおわれた地域では，らっかせいやさつまいもなどを生産する **畑作** がさかんです。
(3) 東京都や神奈川県の臨海部には **京浜工業地帯** が広がっています。
(4) 関東地方の内陸部には **北関東工業地域** が発展しています。
(5) 日本の **首都** である東京は政治の中心地となっています。首都は国の中心となる都市。

首都　京浜工業地帯　畑作　北関東工業地域　群馬

2 次の問いに答えましょう。

(1) 日本で最も人口が集中している都市圏を何といいますか。 **東京大都市圏**
(2) 山間部で交通網の発達により発展した農業を何といいますか。 **輸送園芸農業**
(3) 千葉県の臨海部を中心に広がる工業地域を何といいますか。 **京葉工業地域**
(4) 情報が集まる東京で発達している産業は，出版業と何ですか。 **印刷業**

ステージ 41 東北地方①
東北地方の自然をおさえよう!

1 東北地方の自然について，地図中の□に入る語句を書きましょう。

世界遺産に登録されている
① 白神山地
津軽平野
青森市
青森県
南部がリアス海岸になっている
③ 三陸海岸
秋田県
盛岡市
秋田市
岩手県
親潮(千島海流)
庄内平野
中央部に連なる
② 奥羽山脈
山形県
山形市
潮目
県名
仙台市
④ 宮城県
福島市
福島県
黒潮(日本海流)

2 次の□にあてはまる語句を，下の□の中から選びましょう。

(1) 東北地方の日本海側は，冬にふく北西の **季節風** の影響で，雪が多く降ります。

(2) 東北地方の太平洋側は，夏に **やませ** という冷たい風がふくことがあります。 農作物が育たない冷害の原因となる。

(3) 太平洋側の三陸海岸の南部は **リアス海岸** になっています。

(4) 三陸海岸の沖には，暖流(黒潮)と寒流(親潮)がぶつかる **潮目** があり，豊かな漁場となっています。

リアス海岸　潮目　やませ　季節風

ステージ 42 東北地方②
東北地方の産業をおさえよう!

1 次の□にあてはまる語句を，下の□の中から選びましょう。

(1) 東北地方は全国有数の **穀倉地帯** です。

(2) 青森(あおもり)県は **りんご** の生産が全国１位です。

(3) 東北地方では高速道路沿いに **IC 工場** が進出しています。

(4) 東北地方では津軽塗や南部鉄器などの **伝統的工芸品** の生産がさかんです。 津軽塗は青森県，南部鉄器は岩手県。

りんご　伝統的工芸品　IC 工場　穀倉地帯

2 東北地方の産業について，次の問いに答えましょう。

(1) 東北自動車道の沿線につくられた，IC 工場や自動車工場が進出している地区を何といいますか。 **工業団地**

(2) 東北地方でさくらんぼの生産がとくにさかんな県はどこですか。 **山形県**

(3) 右の地図のA県で生産がさかんな伝統的工芸品を次から選びましょう。 **ア**

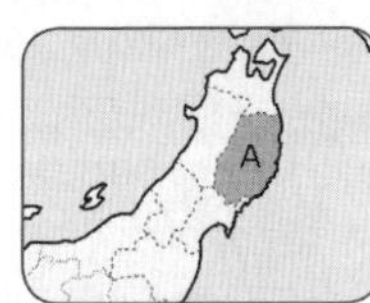

A

ア 南部鉄器　イ 津軽塗　ウ 将棋のこま

A は岩手県。

ステージ 43 北海道地方①
北海道地方の自然をおさえよう!

1 北海道地方の自然について，地図中の□に入る語句を書きましょう。

② オホーツク 海
択捉島
世界遺産に登録されている
③ 知床 半島
稲作がさかんな
① 石狩平野
石狩川
北海道
札幌市
洞爺湖
有珠山
日高山脈
酪農がさかんな
④ 根釧台地
釧路湿原
畑作がさかんな
⑤ 十勝平野

2 次の□にあてはまる語句を，下の□の中から選びましょう。

(1) 北海道地方は冬の寒さがきびしい **亜寒帯** の気候です。

(2) 北海道地方の **日本海** 側は，冬の季節風の影響で雪が多いです。

(3) 北海道地方の太平洋側では，夏の季節風が寒流の **親潮** に冷やされ **濃霧** が発生します。

(4) オホーツク海の沿岸には，冬になると **流氷** がやってきます。 海の上を流れる氷のこと。

親潮　流氷　濃霧　日本海　亜寒帯

ステージ 44 北海道地方②
北海道地方の産業をおさえよう!

1 次の□にあてはまる語句を，下の□の中から選びましょう。

(1) 石狩平野では **稲作** がさかんです。

(2) 根釧台地では，乳牛を飼育し，乳製品などをつくる **酪農** がさかんです。 1950 年代に実験農場が建設され，酪農を中心とする農業開発が進められた。

(3) 近年，北海道では，こんぶなどを育てる **養殖業** や，さけなどを卵からかえして川に放流し，成長してからとる **栽培漁業** もさかんです。

(4) 北海道には，もともと先住民である **アイヌ** の人々がくらしていました。

アイヌ　養殖業　酪農　稲作　栽培漁業

2 北海道地方の産業や歴史について，次の問いに答えましょう。

(1) 地図中のAの地域の農業について，正しい内容を，次から１つ選んで，記号を書きましょう。

A は石狩平野である。 **ア**

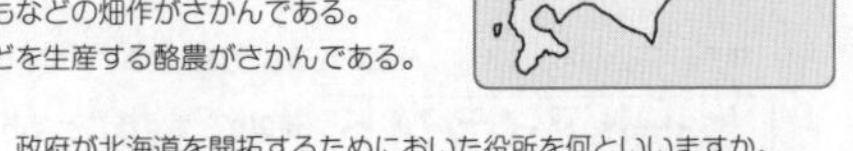

ア 稲作がさかんである。
イ じゃがいもなどの畑作がさかんである。
ウ 乳製品などを生産する酪農がさかんである。

(2) 明治時代に，政府が北海道を開拓するためにおいた役所を何といいますか。 **開拓使**

確認テスト　9章

1 (1)A…関東平野　B…利根川

(2)関東ローム層

(3)①…京浜　②……北関東

(4)エ

解説 (4)群馬(ぐんま)県の山間部では抑制栽培(よくせいさいばい)がさかんです。

2 (1)①…ア　②…イ　(2)ウ　(3)　潮目(潮境)

(4)①…穀倉　②…工業団地

解説 (2)やませは夏に北東からふく冷たくしめった風です。**ア**は北海道(ほっかいどう)の東部，**イ**は関東地方，**エ**はヨーロッパの高緯度(こういど)地域などで見られます。

3 (1)ア　(2)亜寒帯(冷帯)

(3)A…イ　B…ア　C…ウ

(4)栽培漁業　(5)アイヌ(の人々)

(6)屯田兵

解説 (3)**A**は石狩(いしかり)平野，**B**は十勝(とかち)平野，**C**は根釧(こんせん)台地です。